曹 越

王质君 郭建华 著

新债务重组准则
与税法差异分析

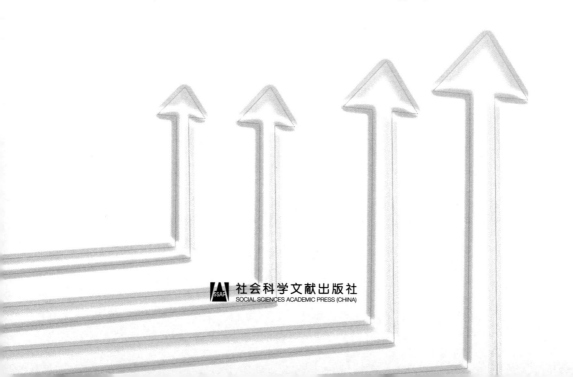

社会科学文献出版社
SOCIAL SCIENCES ACADEMIC PRESS (CHINA)

本书受全国税务领军人才项目、
全国会计领军人才项目和湖南财政与会计研究基地资助。

2019 年 5 月 16 日，财政部修订发布《企业会计准则第 12 号——债务重组》（以下简称"新债务重组准则"），这是我国企业会计准则体系修订完善、保持与国际财务报告准则持续全面趋同的重要成果。

这次修订是我国 2006 年发布债务重组准则以来，财政部对债务重组准则进行的一次全面修订。修订的主要内容有：一是修改债务重组的定义，债务重组中涉及的债权和债务与其他金融工具不作区别对待；二是将重组债权和债务的会计处理规定索引至新金融工具准则，与新金融工具准则协调一致，同时删除关于或有应收、应付金额遵循或有事项准则的规定；三是对于债务重组采用债务人以资产清偿债务方式的，债权人初始确认受让的金融资产以外的资产时以成本计量；四是不再区分债务重组利得、损失和资产处置损益，合并作为债务重组相关损益。

新债务重组准则自 2019 年 6 月 17 日起实施，为了统一准则执行口径，财政部会计司于 2020 年 4 月编著出版《〈企业会计准则第 12 号——债务重组〉应用指南》①（以下简称"新债务重组准则应用指南"），对新债务重组准则涉及的有关重点难点问题提供了释例和操作性指引。该应用指南为

---

① 财政部会计司编写组．《企业会计准则第 12 号——债务重组》应用指南 ［M］. 北京：中国财政经济出版社，2020.

新债务重组准则进入操作层面奠定了坚实的基础。

自 2019 年新债务重组准则公布之后，我们承接了不少相关研究和教学工作。在研究和教学过程中发现，各方对学习和理解新债务重组准则与税法的差异存在以下困难。一是准确理解准则规定的内在逻辑、原理存在很大难度。在新债务重组准则中，债务重组的定义发生了重大变化，债权人的应收债权和债务人的应付债务被统一纳入金融工具范畴，不再区分债务重组利得、损失和资产处置损益，合并作为债务重组相关损益。尽管这可以简化债务重组的相关会计处理，但是不确认资产转让损益的做法给理解新债务重组准则带来了挑战。二是新债务重组准则与税法的差异比较几乎是空白。目前尚未有专门的书籍系统比较新债务重组准则及其应用指南与税法之间的差异，而在企业所得税年度汇算清缴实务中相关税会差异尤其值得关注。显然，若没有掌握新债务重组准则与税法之间的差异，将会对准则实施以及税收的征管、稽查和风险管理产生重大不利影响。三是企业财会人员、税务中介从业者、税务干部亟须学习新债务重组准则及其与税法之间的差异。这是准则有效实施和税收征管顺利进行的重要前提，但实务中缺乏将新债务重组准则与税法有机融合起来展开分析的资料和师资。

为了补齐我国当前新债务重组准则与税法差异学习培训的短板，做"立学为民、治学报国"精神的实践者与传承者，推进新债务重组准则的有效实施和税收征管的顺利进行，我们尝试着系统厘清新债务重组准则的原理，归纳总结准则要点，并与税法展开系统的差异分析，主要在以下五个方面进行了探索：一是债务重组会计概念与税法比较；二是债务重组的涉税规定；三是债权人的会计处理与税务处理；四是债务人的会计处理与税务处理；五是债务重组的会计处理与税务处理案例。

本书具有以下特点：

（1）以权威资料为蓝本，确保差异比较质量。本书以新债务重组准则、新债务重组准则应用指南为蓝本，参考 2024 年注册会计师考试《会计》教材，并采纳当前最新的增值税、企业所得税等税收法规内容。权威的参考资料使得两者之间的差异比较具有针对性和操作性。

（2）重视归纳总结，确保内容可理解。新债务重组准则重新定义债务重组，且不区分债务重组利得、损失和资产处置损益，合并作为债务重组相关损益，这与原债务重组准则的会计处理理念存在重大差异。这对初学者来说是重大考验，本书对每个重要知识点强化归纳总结，以"特别提示"出现，帮助读者理解新准则及其与税法差异的重点内容，为掌握重要知识点奠定坚实基础。

（3）学院派与实践派紧密结合，确保差异比较理论与实务协调一致。本书作者涵盖全国会计领军人才、全国税务领军人才和国内知名会计准则培训专家，拥有深厚的理论功底、扎实的专业基础和丰富的实战经验。作者常年研究准则、研习税法、从事企业所得税汇算清缴与会计准则的培训和辅导工作，在该领域积累了丰富的经验，为读者深入理解新债务重组准则及其与企业所得税法的差异提供了重要保障。

本书是集体智慧的结晶，具体分工如下：曹越负责全书的总体设计、最终修改与定稿；曹越和王质君负责新债务重组准则与税法差异比较；郭建华和曹越负责新债务重组准则重要知识点的归纳总结；国家税务总局长沙市税务局的胡德澍同志负责第二章的撰写。本书写作过程中汲取了许多专家学者的研究成果，全国税务领军人才、国家税务总局杭州市税务局的吕道明同志，全国税务领军人才、国家税务总局广西壮族自治区税务局的陈春梅同志，全国税务领军人才、国家税务总局四川省税务局的汪青长同志，全国税务领军人才、国家税务总局湖南省税务局的何振华同志，国家税务总局怀化市税务局尹德力同志提出很多建设性意见。硕士研究生彭伟、罗振策做了大量基础性工作，并承担繁杂的校对工作。天健会计师事务所高级合伙人、全国会计领军人才培养工程特殊支持计划入选者毛育晖博士和国家税务总局湖南省税务局的周春华同志认真审校全书，并提出宝贵修改意见。在此一并表示衷心的感谢。

感谢全国税务领军人才项目和全国会计领军人才（学术类）项目对本专著出版的大力支持。感谢社会科学文献出版社编辑的认真编校。当然，囿于作者学识水平，书中难免存在疏漏和不足，恳请广大读者批评指正。我们期待全国兄弟院校师生和实务界的反馈意见（Email：fengyun8415@126.com）。

本书可以作为会计、税收类本科生及研究生教学的参考书目以及财会人员、税务干部培训的参考读物。

曹　越　王质君　郭建华

于湖南大学岳麓山下

目录

第一章

债务重组会计概念与税法比较

本章思维导图

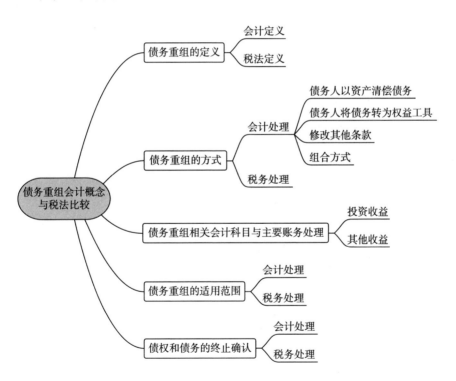

一　债务重组的定义

（一）会计定义

债务重组涉及债权人和债务人，对债权人而言为"债权重组"，对债务人而言为"债务重组"，为便于表述统称为"债务重组"。新债务重组准则规定，债务重组是指在不改变交易对手方的情况下，经债权人和债务人协定或法院裁定，就清偿债务的时间、金额或方式等重新达成协议的交易。

之所以可以由法院裁定，主要是源于《企业破产法》的相关规定。《企业破产法》第二条和第七条规定，债务人有不能清偿到期债务，并且资产不足以清偿全部债务或者明显缺乏清偿能力的，或者有明显丧失清偿能力可能的情形，可以向人民法院提出重整、和解或者破产清算申请；债务人不能清偿到期债务，债权人可以向人民法院提出对债务人进行重整或者破产清算的申请。

值得注意的是，债务重组在《民法典》中并无明确定义。但是，《民法典》第八十三条规定，营利法人的出资人不得滥用法人独立地位和出资人有限责任损害法人债权人的利益；滥用法人独立地位和出资人有限责任，逃避债务，严重损害法人债权人的利益的，应当对法人债务承担连带责任。这说明，《民法典》规定公司股东不能滥用法人独立地位和自己的有限责任逃避债务，否则股东对公司可能要承担连带责任。这有助于债权债务双方理性看待各自的权利和义务，敦促债务人规范地履约，偿还自身的债务。

债务重组的会计定义强调债权债务双方协商或法院裁定，就清偿债务重新达成协议，旨在促进双方交易，实现债权人的权利并让债务人履行自己的义务，终止确认双方的债权债务事项。

📣 **特别提示**

债务重组定义的三要素：不改变交易对手方+双方协商（协定或裁定）+重新达成清偿协议

债务重组三要素需要关注以下问题：

一是债务重组要求不改变交易对手。实务中经常出现第三方参与相关交易的情形，如代为清偿、承接债务、购得债权等。此时，双方需要判断各自的债权债务是否满足终止确认？若满足，第三方与原债权债务的一方就债务重组交易适用新债务重组准则；若不满足，就要具体分析第三方、原债权方和原债务方三者之间的权利义务关系。

二是债务重组不强调债务人发生财务困难、债权人必须作出让步。这是新债务重组准则与原债务重组准则相比发生的重大变化。原债务重组准则要求债务重组必须满足"债务人发生财务困难且债权人必须作出让步"的前提条件。新债务重组准则的这个规定有助于扩大准则的适用范围，因为现实中存在难以判断债权人是否已经实质性让步的情形。如债权人在减免债务人部分债务本金的同时提高剩余债务的利息，或者债权人同意债务人用等值库存商品抵偿到期债务等，这些情形下很难判断债权人是否让步了，但按新债务重组准则均属于债务重组的范畴。

三是债务重组重新达成清偿协议的债权债务属于《企业会计准则第22号——金融工具确认和计量》规范的债权和债务（含租赁应收款和租赁应付款），但不包括合同资产、合同负债和预计负债（因为它们分别适用收入准则和或有事项准则）。

（二）税法定义

《财政部　国家税务总局关于企业重组业务企业所得税处理若干问题的通知》（财税〔2009〕59号）对债务重组有明确的定义：债务重组，是指在债务人发生财务困难的情况下，债权人按照其与债务人达成的书面协议或者法院裁定书，就其债务人的债务作出让步的事项。

可见，目前新债务重组准则与税法对债务重组定义的最大差异在于，税法上的债务重组强调债务人发生财务困难和存在债权人作出让步，而新债务重组准则不强调在债务人发生财务困难的背景下进行，也不论债权人是否作出让步，只要债权人和债务人就债务条款重新达成了协议，就符合债务重组的定义。债务重组的税法定义实际上是与原债务重组准则的定义保持一致的。考虑到现实中绝大部分债务重组的案例中，债务人会发生财务困难且债权人会作出让步，本书认为，税法定义范围基本覆盖会计定义范围的绝大部分内容，实操中无实质性差异。

📢 特别提示

现实中，若存在债权人与债务人之间的交易属于会计上的债务重组，但不属于税法上的债务重组，该如何进行税务处理呢？本书认为，税务处理就不能适用财税〔2009〕59号文中有关债务重组的特殊性税务处理，但仍可以参照一般性税务处理的规则进行处理。

二　债务重组的方式

(一)　会计处理

新债务重组准则规定，债务重组的方式主要包括：债务人以资产清偿债务、将债务转为权益工具、修改其他条款，以及上述方式的组合。

1. 债务人以资产清偿债务

债务人以资产清偿债务，是债务人转让其资产给债权人以清偿债务的债务重组方式。

债务人用于偿债的资产通常是已经在资产负债表中确认的资产，如货币资金①、存货、应收账款、长期股权投资、投资性房地产、固定资产、在建工程、生物资产、无形资产等。在受让上述资产后，债权人核算相关受让资产的类别可能与债务人不同，这主要源于债权人对受让资产用途和确认标准可能不同。例如，债务人以作为固定资产核算的房产清偿债务，债权人可能将受让的房产作为投资性房地产核算；债务人以部分长期股权投资清偿债务，债权人可能将受让的投资作为交易性金融资产或其他权益工具投资核算；债务人以存货清偿债务，债权人可能将受让的资产作为固定资产核算等。

债务人也可能以不符合确认条件而未予确认的资产清偿债务，这源于现行财务会计重交易而轻事项的事实。例如，债务人以未确认的内部产生品牌（或数据资源）清偿债务，债权人在获得的商标权（或数据资源）符合无形资产确认条件的前提下作为无形资产核算。在少数情况下，债务人还可能以处置组（一组资产和与这些资产直接相关的负债）

---

① 也有专家认为，若用货币资金清偿债务属于债务重组，那么所有债务清偿都是债务重组。准则中应该强调的是含有货币资金的资产清偿，而非纯货币资金的清偿。本书认为，只要满足债务重组的定义（即债务重组是指在不改变交易对手方的情况下，经债权人和债务人协定或法院裁定，就清偿债务的时间、金额或方式等重新达成协议的交易），用纯货币资金去清偿债务是可以的。

清偿债务。

2. 债务人将债务转为权益工具

债务人将债务转为权益工具，权益工具体现为股本、实收资本、资本公积等。但是，以下两种情形不属于债务转为权益工具：

一是附条款的"债转股"，债权人并未承担一般股权对应的风险。有些"债转股"会附加相关条款，如约定债务人在未来某个时点有义务以某一金额回购股权，或债权人持有的股份享有强制分红权等。这类债务人的"股权"可能并不属于真正意义上的权益工具，因而不属于债务转为权益工具。

二是将债务转为复合金融工具。有些交易是以一项同时包含金融负债成分和权益工具成分的复合金融工具替换原债权债务。理论上讲，这类交易中的复合金融工具并不是完整意义上的权益工具，因而不属于债务转为权益工具。

📣 **特别提示 1**

如果债务人用自己的股权投资来偿还债务，这属于债务人以资产清偿债务。债务人将债务转为权益工具，该权益工具属于债务人自己的所有者权益，而不是债务人的股权投资或财产份额投资（如持有合伙企业的财产份额）。

📣 **特别提示 2**

《公司法》（自 2024 年 7 月 1 日起施行）第四十八条规定，股东可以用货币出资，也可以用实物、知识产权、土地使用权、股权、债权等可以用货币估价并可以依法转让的非货币财产作价出资；但是，法律、行政法规规定不得作为出资的财产除外。这一条为债务人将债务转为权益工具提供了法律基础。

3. 修改其他条款

修改其他条款，是指双方改变债权和债务的其他条款（如调整债务本金、改变债务利息、变更还款期限等）的债务重组方式，分别形成重组债权和重组债务。

4. 组合方式

组合方式，是指采用债务人以资产清偿债务、将债务转为权益工具、修改其他条款三种方式中一种以上方式的组合清偿债务的债务重组方式。例如，双方约定，由债务人以机器设备清偿部分债务，将另一部分债务转为权益工具，调减剩余债务的本金，但利率和还款期限不变；再如，债务人以现金清偿部分债务，同时将剩余债务展期等。

（二）税务处理

《财政部　国家税务总局关于企业重组业务企业所得税处理若干问题的通知》（财税〔2009〕59 号）第四条第（二）款规定，除适用特殊性税务处理之外，企业债务重组，相关交易应按以下规定处理：

（1）以非货币资产清偿债务，应当分解为转让相关非货币性资产、按非货币性资产公允价值清偿债务两项业务，确认相关资产的所得或损失。

（2）发生债权转股权的，应当分解为债务清偿和股权投资两项业务，确认有关债务清偿所得或损失。

（3）债务人应当按照支付的债务清偿额低于债务计税基础的差额，确认债务重组所得；债权人应当按照收到的债务清偿额低于债权计税基础的差额，确认债务重组损失。

财政部和国家税务总局于 2024 年 7 月发布了《企业兼并重组主要税收优惠政策指引》，该指引将上述规定涉及的债务重组方式归纳为：（1）以非货币资产清偿债务；（2）债权转股权；（3）减免债务。

综合上述规定，我们可以得出如下结论：税法中的"以非货币资产清偿债务"可以归属于会计准则中的"债务人以资产清偿债务"；税法中的"债权转股权"对应会计准则中的"债务人将债务转为权益工具"；税法中的"减免债务"可以近似于会计准则中的"修改其他条款"。尽管税法中并无"以货币资产清偿债务"的直接表述，但是该方式也可以内嵌于会计准则中的"修改其他条款"或"组合方式"中。因此，本书认为，有关债务重组的方式，会计处理与税务处理并不存在实质性差异。

三　债务重组相关会计科目与主要账务处理

企业对债务重组的会计处理，一般需要设置下列会计科目。

（一）"投资收益"

本科目核算企业确认的投资收益或投资损失，应当按照投资项目进行明细核算。主要账务处理如下：

1. 债权人的账务处理

（1）债务重组采用以资产清偿债务或者将债务转为权益工具方式进行的，债权人受让包括现金在内的单项或多项金融资产的，金融资产初始确认应当以公允价值计量，金融资产确认金额与债权终止确认日账面价值之间的差额，记入"投资收益"科目；债权人受让金融资产以外的资产时，受让的非金融资产应当以放弃债权的公允价值以及可直接归属于该资产的税费等成本计量，放弃债权的公允价值与账面价值之间的差额，记入"投资收益"科目。

上述规则可用会计分录表述为：

若债权人受让金融资产：

借：银行存款/交易性金融资产/其他债权投资/其他权益工具投资等
（金融资产 FV①）

　　坏账准备

　　投资收益（金融资产 FV－应收债权 BV②）

贷：应收账款等（账面余额）

值得注意的是，准则应用指南此处并未考虑交易费用问题，债权人受让金融资产过程中若存在交易费用，除交易性金融资产记入"投资收益"外，其他金融资产则记入成本。

---

① FV 是 Fair Value（公允价值）的简称。
② BV 是 Book Value（账面价值）的简称。

若债权人受让非金融资产：

借：固定资产/库存商品/无形资产等（放弃债权 FV+为取得该资产发
　　生的相关税费）

　　坏账准备

　　投资收益（放弃债权 FV-BV）

　贷：应收账款等（账面余额）

　　　银行存款（支付的相关税费）

（2）债务重组采用以修改其他条款方式进行的，如果修改其他条款导致全部债权终止确认，债权人应当按照修改后的条款以公允价值初始计量重组债权，重组债权的确认金额与债权终止确认日账面价值之间的差额，记入"投资收益"科目。如果修改其他条款未导致债权终止确认，对于以摊余成本计量的债权，债权人应当根据重新议定合同的现金流量变化情况，重新计算该重组债权的账面余额，并将相关利得或损失记入"投资收益"科目。

上述规则可用会计分录表述为：

修改其他条款导致全部债权终止确认：

借：应收账款——重组债权（FV）

　　坏账准备

　　投资收益（重组债权确认金额-原债权 BV）

　贷：应收账款等（账面余额）

修改其他条款未导致全部债权终止确认：

借：投资收益（重新计量损失）

　贷：应收账款（重新计量新合同现金流量现值的变化）

借：应收账款（重新计量新合同现金流量现值的变化）

　贷：投资收益（重新计量利得）

（3）债务重组采用组合方式进行的，一般可以认为对全部债权的合同条款作出实质性修改，债权人应当按照修改后的条款，以公允价值初始计量重组债权和受让的新金融资产，按照受让的金融资产以外的各项资产在债务重组合同生效日的公允价值比例，对放弃债权在合同生效日的公允价值扣除重组债权和受让金融资产当日公允价值后的净额进行分配，并以此为基础分别确定各项资产的成本。放弃债权的公允价值与账面价值之间的差额，记入"投资收益"科目。

上述规则可用会计分录表述为：

借：应收账款——重组债权（按修改后条款确定的 FV）

交易性金融资产/债权投资/其他债权投资/其他权益工具投资等（FV）

固定资产/库存商品/无形资产等（合同生效日放弃债权 FV-重组债权 FV-受让金融资产 FV，再按非金融资产 FV 比例分配）

坏账准备

投资收益（放弃债权 FV-BV，或贷记）

贷：应收账款（账面余额）

2. 债务人的账务处理

（1）债务重组采用以资产清偿债务方式进行的，债务人以单项或多项金融资产清偿债务的，债务的账面价值与偿债金融资产账面价值的差额，记入"投资收益"科目。对于以分类为以公允价值计量且其变动计入其他综合收益的债务工具投资清偿债务的，之前计入其他综合收益的累计利得或损失应当从其他综合收益中转出，记入"投资收益"科目。债务人以单项或多项长期股权投资清偿债务的，债务的账面价值与偿债长期股权投资账面价值的差额，记入"投资收益"科目。债务重组采用将债务转为权益工具方式进行的，债务人初始确认权益工具时，应当按照权益工具的公允价值计量，权益工具的公允价值不能可靠计量的，应当按照所清偿债务的公允价值计量。所清偿债务账面价值与权益工具确认金额之间的差额，记入"投资收益"科目。

上述规则可用会计分录表述为：

借：应付账款（BV）

贷：银行存款、其他债权投资、其他权益工具投资等（BV）

　　　　　投资收益（清偿债务 BV-偿债金融资产 BV）

具体而言，

若用其他债权投资清偿债务：

借：应付账款（BV）

　　贷：其他债权投资（BV）

　　　　投资收益（清偿债务 BV-其他债权投资的 BV）

借：其他综合收益（或贷记）

　　贷：投资收益（或借记）

若用其他权益工具投资清偿债务：

借：应付账款（BV）

　　贷：其他权益工具投资（BV）

　　　　投资收益（清偿债务 BV-其他权益工具投资 BV）

借：其他综合收益（或贷记）

　　贷：盈余公积、利润分配——未分配利润（或借记）

若用长期股权投资清偿债务：

借：应付账款（BV）

　　贷：长期股权投资（BV）

　　　　投资收益（清偿债务 BV-长期股权投资 BV）

借：资本公积——其他资本公积（权益法下结转，或贷记）

　　贷：投资收益

借：其他综合收益（权益法下结转，或贷记）

　　贷：投资收益/盈余公积、利润分配——未分配利润（按被投资单
　　　　位处置相关资产或负债相同的基础进行结转，或借记）

若用权益工具清偿债务（即债务转为权益工具）：

借：应付账款（BV）

　　贷：实收资本/股本（享受的资本份额）

　　　　资本公积——资本溢价/股本溢价（优选：权益工具 FV-享有
　　　　的资本份额；次优：清偿债务 FV-享有的资本份额）

投资收益（清偿债务 BV-权益工具 FV）

（2）债务重组采用修改其他条款方式进行的，如果修改其他条款导致债务终止确认，债务人应当按照公允价值计量重组债务，终止确认的债务账面价值与重组债务确认金额之间的差额，记入"投资收益"科目。如果修改其他条款未导致债务终止确认，或者仅导致部分债务终止确认，对于未终止确认的部分债务，债务人应当继续按原分类进行后续计量。对于以摊余成本计量的债务，债务人应当根据重新议定合同的现金流量变化情况，重新计算该重组债务的账面价值，并将相关利得或损失记入"投资收益"科目。

上述规则可用会计分录表述为：

修改其他条款导致债务终止确认：

借：应付账款（BV）

　　贷：应付账款——重组债务（FV）

　　　　投资收益（原债务 BV-重组债务确认金额）

修改其他条款未导致债务全部终止确认：

借：投资收益（重新计量损失）

　　贷：应付账款（重新计量新合同现金流量现值的变化）

借：应付账款（重新计量新合同现金流量现值的变化）

　　贷：投资收益（重新计量利得）

（3）债务重组采用以资产清偿债务、将债务转为权益工具、修改其他条款等组合方式进行的，对于权益工具，债务人应当在初始确认时按照权益工具的公允价值计量，权益工具的公允价值不能可靠计量的，应当按照所清偿债务的公允价值计量。对于修改其他条款形成的重组债务，债务人应当参照前文的规定，确认和计量重组债务。所清偿债务的账面价值与转让资产的账面价值以及权益工具和重组债务的确认金额之和的差额，记入"其他收益——债务重组收益"或"投资收益"（仅涉及金融工具、长期股权投资时）科目。

> 📢 **特别提示**
>
> 　　以组合方式进行债务重组的，债务人按前述单个规定确认和计量权益工具和重组债务，清偿债务 BV−转让资产 BV＝投资收益（仅限金融工具）/其他收益——债务重组收益（非金融资产或非金融资产与金融工具的组合），清偿债务 BV−权益工具 FV＝投资收益（权益工具）。

（二）"其他收益——债务重组收益"

　　本明细科目核算企业债务重组形成的利得或损失。主要账务处理如下：

　　（1）债务人以单项或多项其他非金融资产（如固定资产、投资性房地产、生物资产、无形资产、日常活动产出的商品或服务等，下同）清偿债务，或者以包括金融资产和其他非金融资产在内的多项资产清偿债务的，应将所清偿债务账面价值与转让资产账面价值之间的差额，记入"其他收益——债务重组收益"科目。

　　上述规则可用会计分录表述为：

借：应付账款（BV）

　贷：库存商品/无形资产/固定资产清理（BV）

　　　交易性金融资产/债权投资等（BV）

　　　其他收益——债务重组收益（清偿债务 BV−转让资产 BV）

　　值得注意的是，对以包含金融资产和其他非金融资产的多项资产清偿债务的，新债务重组准则从简化核算考虑，不再区分资产处置损益和债务重组损益，一并记入"其他收益——债务重组收益"；涉及增值税的，还需贷记"应交税费——应交增值税（销项税额）"（一般纳税人采用一般计税方法）或"应交税费——应交增值税"（小规模纳税人）。

　　（2）债务人以包含非金融资产的处置组清偿债务的，应当将所清偿债务和处置组中负债的账面价值之和，与处置组中资产的账面价值之间的差额，记入"其他收益——债务重组收益"科目。

上述规则可用会计分录表述为：

借：应付账款（BV）

　　持有待售负债——××负债（冲减处置组中负债BV）

　贷：持有待售资产——××资产（冲减处置组中资产BV）

　　持有待售资产——商誉（冲减分摊商誉BV）

　　其他收益——债务重组收益（倒挤，或借记）

（3）债务重组采用以资产清偿债务、将债务转为权益工具、修改其他条款等组合方式进行的，对于权益工具，债务人应当在初始确认时按照权益工具的公允价值计量，权益工具的公允价值不能可靠计量的，应当按照所清偿债务的公允价值计量。对于修改其他条款形成的重组债务，债务人应当参照前文的规定，确认和计量重组债务。所清偿债务的账面价值与转让资产的账面价值以及权益工具和重组债务确认金额之和的差额，记入"其他收益——债务重组收益"或"投资收益"（仅涉及金融工具、长期股权投资时）科目。

特别提示

以组合方式进行债务重组的，债务人按前述单个规定确认和计量权益工具和重组债务，清偿债务BV-转让资产BV=投资收益（仅限金融工具）/其他收益——债务重组收益（非金融资产或非金融资产与金融工具的组合），清偿债务BV-权益工具FV=投资收益（权益工具）。

四　债务重组的适用范围

（一）会计处理

新债务重组准则适用于所有符合持续经营条件下的债务重组（破产清算期间的债务重组适用破产清算会计处理规定），但下列各项不适用新债务重组准则，而适用其他相关会计准则。

1. 债务重组涉及的债权和债务确认、计量与列报

债务重组中涉及的债权、重组债权、债务、重组债务和其他金融工具的确认、计量与列报，分别适用《企业会计准则第 22 号——金融工具确认和计量》以及《企业会计准则第 37 号——金融工具列报》，不包括合同资产、合同负债、预计负债，但包括租赁应收款和租赁应付款。

2. 通过债务重组形成的企业合并

债务人以股权投资清偿债务或者将债务转为权益工具，可能对应导致债权人取得被投资单位或债务人控制权，在债权人的个别财务报表层面和合并财务报表层面，债权人取得长期股权投资或者资产和负债的确认与计量适用企业合并准则。

3. 权益性交易

债权人或债务人中的一方直接或间接对另一方持股且以股东身份进行债务重组的，或者债权人和债务人在债务重组前后均受同一方或相同的多方最终控制，且该债务重组的交易实质是债权人或债务人进行了权益性分配或接受了权益性投入的，适用权益性交易的有关会计处理规定。企业在判断债务重组是否构成权益性交易时，应当遵循实质重于形式原则（如代持行为实质上构成权益性交易等）。

例如，甲公司是乙公司股东，为了弥补乙公司临时性经营现金流短缺，甲公司向乙公司提供 1 000 万元无息借款，并约定于 6 个月后收回。借款期满时，尽管乙公司具有充足的现金流，甲公司仍然决定免除乙公司部分本金还款义务，仅收回 200 万元借款。在此项交易中，如果甲公司不以股东身份而是以市场交易者身份参与交易，在乙公司具有足够偿债能力的情况下不会免除其部分本金。因此，甲公司和乙公司应当将该交易作为权益性交易，不确认债务重组相关损益。

值得注意的是，债务重组中不属于权益性交易的部分仍然适用新债务重组准则。例如，假设前例中债务人乙公司确实出现财务困难，其他债权人对其债务普遍进行了减半的豁免，那么甲公司作为股东比其他债务人多豁免 300 万元债务的交易应当作为权益性交易，正常豁免 500 万元债务的交易适用新债务重组准则。

（二）税务处理

税法上的债务重组强调债务人发生财务困难且债权人作出让步。关于债务重组的适用范围，税法并无明确规定，原则上认可会计准则的规定，但权益性交易一般不认可。债务重组过程中权益性交易的处理规则源于会计上实质重于形式原则的运用，而税法上也存在实质重于形式原则，且该原则主要运用于反避税规则。如非居民企业通过实施不具有合理商业目的的安排，间接转让中国居民企业股权等财产，规避企业所得税纳税义务的，应按照《企业所得税法》第四十七条的规定，重新定性该间接转让交易，确认为直接转让中国居民企业股权等财产。

针对上述案例中甲公司向乙公司提供 1 000 万元无息借款，税务处理会要求甲公司收取或视同收取利息，假设不考虑税收优惠，可能涉及增值税和企业所得税问题。[①] 甲公司免除乙公司部分本金还款义务，仅收回 200 万元借款。甲公司会计上作为权益性交易，但税法上要根据企业的会计处理、协议约定等相关情况进行判断后处理。根据《国家税务总局关于企业

---

① 统借统还业务以及集团内资金无偿借贷目前都免征增值税。无息拆借资金，所得税处理上，企业与其关联方之间的业务往来，不符合独立交易原则而减少企业或者其关联方应纳税收入或者所得额的，税务机关有权按照合理方法调整。实际税负相同的境内关联方之间的交易，只要该交易没有直接或者间接导致国家总体税收收入的减少，原则上不作特别纳税调整。实务中，税务机关较少针对资金拆借行为强行调整。

所得税应纳税所得额若干问题的公告》（国家税务总局公告 2014 年第 29 号）的规定，企业接收股东划入资产（包括股东赠予资产、上市公司在股权分置改革过程中接收原非流通股股东和新非流通股股东赠予的资产、股东放弃本企业的股权，下同），凡合同、协议约定作为资本金（包括资本公积）且在会计上已作实际处理的，不计入企业的收入总额。即满足上述条件，税务处理与会计处理一致。但如果企业接收股东划入资产，凡作为收入处理的，应按公允价值计入收入总额，计算缴纳企业所得税。即乙公司可以确认为收入并缴纳所得税，同时甲公司确认为直接赠与。

对于甲公司免除还款义务，税务处理要综合考虑协议约定、商业实质（反避税）、财务困难情况来判断定性。常见的定性有两种：（1）定性为赠与；（2）定性为债务重组。要定性为债务重组，至少同时满足协议约定、商业实质、债务人发生财务困难和债权人作出让步四个条件。假设乙公司确实存在财务困难，但乙公司适用税率为 15% 而甲公司适用税率为 25%；由于甲乙公司存在关联关系，甲公司签订债务重组协议免除还款义务也可能无法被定性为债务重组。实务中，如何判断"发生财务困难"是难点和争议点，是资不抵债、连续亏损？还是现有货币资金无法支付职工工资及社保费？各地税务机关执行口径不一。

值得注意的是，要关注税法上的债务重组和资产损失的区别与联系。实务中，债务豁免方式的债务重组损失要按照资产损失有关程序和要求进行申报。根据《财政部　国家税务总局关于企业资产损失税前扣除政策的通知》（财税〔2009〕57 号）、《国家税务总局关于发布〈企业资产损失所得税税前扣除管理办法〉的公告》（国家税务总局公告 2011 年第 25 号）以及《国家税务总局关于企业所得税资产损失资料留存备查有关事项的公告》（国家税务总局公告 2018 年第 15 号）的规定，债务豁免应以专项申报的方式向税务机关申报后方能在税前扣除，并留存债务重组协议及债务人重组收益纳税情况说明等资料。而以非货币资产清偿债务和债权转股权方式的债务重组，则需要按《国家税务总局关于发布〈企业重组业务企业所得税管理办法〉的公告》（国家税务总局公告 2010 年第 4 号）和《国家税务总局关于企业重组业务企业所得税征收管理若干问题的公告》（国家税务总局公告2015年第48号）的规定执行。

【例题1-1】　甲公司是乙公司的股东，为了弥补乙公司临时性经营现金流短缺，甲公司向乙公司提供500万元无息借款，期限为1年。借款期满时，尽管乙公司具有充足的现金流，甲公司仍然决定免除乙公司部分本金还款义务，仅收回100万元借款。

要求：判断甲公司和乙公司是否确认债务重组相关损益，并说明理由，分析乙公司的相关会计处理和税务处理。

会计处理：

甲公司和乙公司应当将该交易作为权益性交易，不确认债务重组相关损益。理由：在此项交易中，如果甲公司不以股东身份而是以市场交易者身份参与交易，在乙公司具有足够偿债能力的情况下不会免除其部分本金。

甲公司的会计分录：

借：银行存款	100
长期股权投资/其他权益工具投资/交易性金融资产	400
贷：其他应收款	500

其中，长期股权投资对应投资具有重大影响及以上，其他权益工具投资对应不具有重大影响的非交易性股权投资，交易性金融资产对应尚未达到重大影响及以上的交易性股票投资。

乙公司的会计分录：

借：其他应付款	500
贷：银行存款	100
资本公积	400

税务处理：

第一种情况，合同、协议约定作为资本金（包括资本公积）且在会计上已作实际处理的，同会计处理，无纳税调整项。

第二种情况，合同、协议约定不作为资本金的，假设约定为赠与，则甲公司的税务处理可用会计语言表述如下：

借：银行存款　　　　　　　　　　　　　　　　　　　100

　　营业外支出　　　　　　　　　　　　　　　　　　400

　　贷：其他应收款　　　　　　　　　　　　　　　　　500

甲公司发生的 400 万元直接赠与损失不允许税前扣除，需要在会计利润的基础上纳税调增。

乙公司的税务处理可用会计语言表述如下：

借：其他应付款　　　　　　　　　　　　　　　　　　500

　　贷：银行存款　　　　　　　　　　　　　　　　　　100

　　　　营业外收入　　　　　　　　　　　　　　　　　400

乙公司确认的 400 万元收入需要计入应纳税所得额。

【例 1-2】　接上例，假设前例中债务人乙公司确实出现财务困难，其他债权人对其债务普遍进行了减半的豁免，甲公司作为股东比其他债务人多豁免 150 万元债务，其余 100 万元由乙公司以银行存款归还。该交易中正常豁免 250 万元债务的交易适用债务重组准则，确认债务重组相关损益，甲公司作为股东比其他债权人多豁免 150 万元债务应当作为权益性交易处理。

会计处理：

甲公司的会计分录：

借：银行存款　　　　　　　　　　　　　　　　　　　100

　　长期股权投资/其他权益工具投资/交易性金融资产　　150

　　投资收益　　　　　　　　　　　　　　　　　　　250

　　贷：其他应收款　　　　　　　　　　　　　　　　　500

乙公司的会计分录：

借：其他应付款　　　　　　　　　　　　　　　　　　500

　　贷：银行存款　　　　　　　　　　　　　　　　　　100

　　　　资本公积　　　　　　　　　　　　　　　　　　150

　　　　投资收益　　　　　　　　　　　　　　　　　　250

税务处理：

第一种情况，合同、协议约定作为资本金（包括资本公积）且在会计上已作实际处理的，同会计处理，无纳税调整项。乙公司针对确认的 250 万元投资收益缴纳企业所得税，甲公司针对确认的-250 万元投资收益属于债务重组损失，按资产损失有关规定申报后在税前扣除。

第二种情况，合同、协议约定不作为资本金，假设约定为赠与，则甲公司的税务处理可用会计语言表述如下：

借：银行存款	100
营业外支出	400
贷：其他应收款	500

甲公司发生的 400 万元损失，按资产损失有关规定申报后，准予税前扣除。

乙公司的税务处理可用会计语言表述如下：

借：其他应付款	500
贷：银行存款	100
营业外收入	400

乙公司确认的 400 万元收入需要计入应纳税所得额。

五　债权和债务的终止确认

（一）会计处理

债务重组中涉及的债权和债务的终止确认，应当遵循《企业会计准则第 22 号——金融工具确认和计量》《企业会计准则第 23 号——金融资产转移》中有关金融资产和金融负债终止确认的规定。基本的处理原则是：债权人在收取债权现金流量的合同权利终止时终止确认债权，债务人在债务的现时义务解除时终止确认债务。

> **📢 特别提示**
>
> 对于在报告期间已经开始协商，但在报告期资产负债表日后的债务重组，不属于资产负债表日后调整事项，因为债务重组的协商通常经历时间较长。

（二）税务处理

税法上对于债务重组中涉及的债权和债务的终止确认并无具体规定。整体而言，税法认可会计规定。但是，对于债务重组中涉及实质重于形式的会计处理规则，税法一般不予认可。本书后文案例再展开具体分析。

第二章

债务重组的涉税规定

本章思维导图

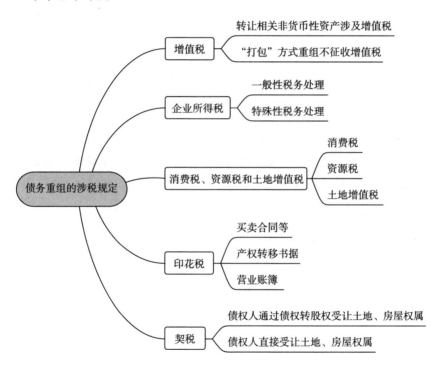

一　增值税

前文已述，财政部和国家税务总局在 2024 年 7 月发布《企业兼并重组主要税收优惠政策指引》，将债务重组方式归纳为：（1）以非货币资产清偿债务；（2）债权转股权；（3）减免债务。对以非货币资产清偿债务而言，转让相关非货币资产涉及增值税处理；而对于债权转股权、减免债务，则不属于增值税征税范围。

债务人以非货币资产清偿债务，属于销售货物或者提供应税劳务，销售服务、无形资产或者不动产。销售货物，是指有偿转让货物的所有权；提供应税劳务，是指有偿提供加工、修理修配劳务；销售服务、无形资产或者不动产，是指有偿提供服务、有偿转让无形资产或者不动产。上述"有偿"，是指取得货币、货物或者其他经济利益。清偿债务属于取得其他经济利益。

那么，如何确定销售额呢？如果重组双方通过资产评估或法院裁定等方式确定了资产公允价值，债务人应以公允价值为计税销售额；如果难以确定资产的公允价值，本书建议结合《增值税暂行条例实施细则》的规定，按照下列顺序确定销售额：（1）按纳税人最近时期同类货物的平均销售价格确定；（2）按其他纳税人最近时期同类货物的平均销售价格确定；（3）按组成计税价格确定。涉及"营改增"应税行为的，结合《财政部 国家税务总局关于全面推开营业税改征增值税试点的通知》（财税〔2016〕36 号）附件一的规定，按照下列顺序确定销售额：（1）按照纳税人最近时期销售同类服务、无形资产或者不动产的平均价格确定；（2）按照其他纳税人最近时期销售同类服务、无形资产或者不动产的平均价格确定；（3）按照组成计税价格确定。

值得注意的是，企业将全部或部分实物资产以及与其相关联的债权、负债和劳动力以"打包"转让的方式进行重组的，不属于增值税应税行为。根据《国家税务总局关于纳税人资产重组有关增值税问题的公告》

（国家税务总局公告 2011 年第 13 号）的规定，纳税人在资产重组过程中，通过合并、分立、出售、置换等方式，将全部或者部分实物资产以及与其相关联的债权、负债和劳动力一并转让给其他单位和个人，不属于增值税的征税范围，其中涉及的货物转让，不征收增值税。纳税人在资产重组过程中，通过合并、分立、出售、置换等方式，将全部或者部分实物资产以及与其相关联的债权、负债和劳动力经多次转让后，最终的受让方与劳动力接收方为同一单位和个人的，仍适用《国家税务总局关于纳税人资产重组有关增值税问题的公告》（国家税务总局公告 2011 年第 13 号）的相关规定，其中货物的多次转让行为均不征收增值税。资产的出让方需将资产重组方案等文件资料报其主管税务机关（国家税务总局公告 2013 年第 66 号）。

根据《财政部 国家税务总局关于全面推开营业税改征增值税试点的通知》（财税〔2016〕36 号）附件二的规定，在资产重组过程中，通过合并、分立、出售、置换等方式，将全部或者部分实物资产以及与其相关联的债权、负债和劳动力一并转让给其他单位和个人，其中涉及的不动产、土地使用权转让行为属于不征收增值税项目。

增值税一般纳税人（以下称"原纳税人"）在资产重组过程中，将全部资产、负债和劳动力一并转让给其他增值税一般纳税人（以下称"新纳税人"），并按程序办理注销税务登记的，其在办理注销登记前尚未抵扣的进项税额可结转至新纳税人处继续抵扣（国家税务总局公告 2012 年第 55 号）。

尽管上述文件中涉及的资产重组仅仅列举了"合并、分立、出售、置换"等方式，并没有单独提及"债务重组"，但是本书认为，债务重组是资产重组的一种方式，若债务重组过程中涉及债务人将全部或部分实物资产以及与其相关联的债权、负债和劳动力一并转让（这实际上属于会计准则界定的"业务"）给债权人，仍可以适用上述规定，即不属于增值税的征税范围。

📢 **特别提示1**

　　纳税人进行资产重组时，其转让的实物资产对应的债权、负债和劳动力等必须一并转让，三者缺一不可，否则不符合不征收增值税规定，应依法计算缴纳增值税。

📢 **特别提示2**

　　涉及增值税进项留抵税额转移的资产重组行为，重组双方均应为增值税一般纳税人，原纳税人应按程序办理注销税务登记。原纳税人未按程序办理注销税务登记的，其增值税进项留抵税额不能转移至新纳税人。

二 企业所得税

根据《财政部 国家税务总局关于企业重组业务企业所得税处理若干问题的通知》（财税〔2009〕59 号）的规定，债务重组是指在债务人发生财务困难的情况下，债权人按照其与债务人达成的书面协议或者法院裁定书，就其债务人的债务作出让步的事项。债务重组的企业所得税务处理分为一般性税务处理和特殊性税务处理。

（一）一般性税务处理规定

1. 减免债务

债务人按照支付的债务清偿额低于债务计税基础的差额，确认债务重组所得。债权人按照收到的债务清偿额低于债权计税基础的差额，确认债务重组损失。

2. 以非货币资产清偿债务

债务人应将上述事项分解为转让相关非货币性资产、按非货币性资产公允价值清偿债务两项业务，确认相关资产的所得或损失。债权人按照接受的非货币性资产公允价值低于债权计税基础的差额确认债务重组损失，并按照接受的非货币性资产公允价值确认其计税基础。

3. 债权转股权

上述事项应分解为债务清偿和股权投资两项业务，其中债务人按照债务转为资本部分公允价值低于债务计税基础的差额，确认债务重组所得；债权人按照债权转为股权部分公允价值低于债权计税基础的差额确认债务重组损失，并按照股权投资的公允价值确定其计税基础。

债务人的相关所得税纳税事项原则上保持不变。

（二）特殊性税务处理规定

企业重组同时符合下列条件的，适用特殊性税务处理规定（财税

〔2009〕59 号）：（1）具有合理的商业目的，且不以减少、免除或者推迟缴纳税款为主要目的；（2）被收购、合并或分立部分的资产或股权比例符合本通知规定的比例；（3）企业重组后的连续 12 个月内不改变重组资产原来的实质性经营活动；（4）重组交易对价中涉及股权支付金额符合本通知规定比例；（5）企业重组中取得股权支付的原主要股东①，在重组后连续 12 个月内，不得转让所取得的股权。

　　针对债务重组而言，其适用特殊性税务处理规定的条件包括（财政部、国家税务总局 2024 年 7 月发布的《企业兼并重组主要税收优惠政策指引》）：（1）具有合理的商业目的，且不以减少、免除或者推迟缴纳税款为主要目的；（2）企业重组后的连续 12 个月内不改变重组资产原来的实质性经营活动；（3）企业重组中取得股权支付的原主要股东，在重组后连续 12 个月内，不得转让所取得的股权。

　　这说明，债务重组适用的特殊性税务处理条件体现为财税〔2009〕59 号规定的企业重组适用特殊性税务处理条件中的第（1）、（3）和（5）条。经过调研发现，实务中税务部门针对"合理的商业目的"［即第（1）条］要求相对宽松，作为反避税的条款，债务重组一般会减少债权人的应纳税款，只要没有明显的反证，一般认为满足条件；"两个比例"［即第（2）、（4）条］不作要求；涉及"两个 12 个月"的"12 个月内不改变重组资产原来的实质性经营活动"［即第（3）条］一般也不予以重点关注，但是对"债转股 12 个月不得转让股权"［即第（5）条］要求必须满足。

　　但是，值得注意的是，《企业重组所得税特殊性税务处理报告表》中的填表说明指出："特殊性税务处理条件"，债务重组中重组所得超 50%的，只需填写财税〔2009〕59 号规定的企业重组适用特殊性税务处理条件中的条件（1），债转股的，只需填写条件（1）和（5）。这就说明，在实务操作中，对债转股方式而言，其适用特殊性税务处理需要满足"合理的商业目的+债权人取得股权后 12 个月内不得转让"；对其他债务重组的方

---

① 原主要股东是指原持有转让企业或被收购企业 20%以上股权的股东［《企业重组业务企业所得税管理办法》（国家税务总局公告 2010 年第 4 号）］。

式，其适用特殊性税务处理仅需满足"合理的商业目的+债务重组所得超50%"。即在实操中，"债务重组后的连续 12 个月内不改变重组资产原来的实质性经营活动"并不需要得到满足。

若债务重组满足特殊性税务处理，则具体处理规定如下：

（1）若债务人企业债务重组确认的应纳税所得额占该企业当年应纳税所得额 50%以上，则其债务重组所得可以在 5 个纳税年度的期间内，均匀计入各年度的应纳税所得额。

（2）企业发生债权转股权业务的，债务人对债务清偿业务暂不确认所得，企业的其他相关所得税事项保持不变。债权人对债权转股权业务暂不确认损失，股权投资的计税基础以原债权的计税基础确定。企业的其他相关所得税事项保持不变。

📢 **特别提示 1**

债务重组适用特殊性税务处理需要满足三个条件。现实中，如果债务重组过程中取得的是金融资产（如货币资金和股票、债券、基金等有价证券），第（2）条就不需要满足，因为债权人持有金融资产属于投资活动，不属于实质性经营活动；如果债务重组过程中取得的是非金融资产（如固定资产、无形资产和存货等），第（2）条理论上需要得到满足，即债权人持有债务人偿债的资产（固定资产、无形资产和存货等）不能改变偿债资产原来的实质性经营活动，如债务人用于偿债的存货，债权人也应作为存货核算，不能作为固定资产核算。这种要求太过苛刻。因此，本书认为，即便债权人取得的清偿资产属于非金融资产，第（2）条也无须满足。税务部门若强行要求满足第（2）条，即债权人取得的清偿资产，该资产之前在债务人一方是什么用途，债权人也应该用作这类用途，这无疑不利于鼓励债务重组业务的顺利实施。

📢 **特别提示 2**

债务重组的特殊性税务处理并非仅局限于债权转股权的重组方式，其他重组方式若满足条件也可以适用。

（三）适用一般性税务处理的留存备查资料（国家税务总局公告 2010 年第 4 号）

（1）以非货币资产清偿债务的，应保留当事各方签订的清偿债务的协议或合同，以及非货币资产公允价格确认的合法证据等。

（2）债权转股权的，应保留当事各方签订的债权转股权协议或合同。

（四）适用特殊性税务处理应报送的资料（国家税务总局公告 2015 年第 48 号）

1. 基本资料

（1）重组各方应在该重组业务完成当年，办理企业所得税年度申报时，分别向各自主管税务机关报送《企业重组所得税特殊性税务处理报告表及附表》和其他申报资料。重组主导方申报后，其他当事方向其主管税务机关办理纳税申报。申报时还应附送重组主导方经主管税务机关受理的《企业重组所得税特殊性税务处理报告表及附表》（复印件）。

（2）适用财税〔2009〕59 号第五条第（三）项和第（五）项的当事各方应在完成重组业务后的下一年度的企业所得税年度申报时，向主管税务机关提交书面情况说明，以证明企业在重组后的连续 12 个月内，有关符合特殊性税务处理的条件未发生改变。

（3）企业重组业务适用特殊性税务处理的，申报时，当事各方还应向主管税务机关提交重组前连续 12 个月内有无与该重组相关的其他股权、资产交易情况的说明，并说明这些交易与该重组业务是否构成分步交易，是否作为一项企业重组业务进行处理。

2. 其他申报资料

（1）债务重组的总体情况说明，包括债务重组方案、基本情况、债务重组所产生的应纳税所得额，并逐条说明债务重组的商业目的（包括重组交易的方式、重组交易的实质结果、重组各方涉及的税务状况变化、重组各方涉及的财务状况变化以及非居民企业参与重组活动的情况）；以非货币资产清偿债务的，还应包括企业当年应纳税所得额情况。

（2）清偿债务或债权转股权的合同（协议）或法院裁定书，需有权部门（包括内部和外部）批准的，应提供批准文件。

（3）债权转股权的，提供相关股权评估报告或其他公允价值证明；以非货币资产清偿债务的，提供相关资产评估报告或其他公允价值证明。

（4）重组前连续 12 个月内有无与该重组相关的其他股权、资产交易，与该重组是否构成分步交易、是否作为一项企业重组业务进行处理情况的说明。

（5）重组当事各方一致选择特殊性税务处理并加盖当事各方公章的证明资料。

（6）债权转股权的，还应提供工商管理部门等有权机关登记的相关企业股权变更事项的证明材料，以及债权人 12 个月内不转让所取得股权的承诺书。

（7）按会计准则规定当期应确认资产（股权）转让损益的，应提供按税法规定核算的资产（股权）计税基础与按会计准则规定核算的相关资产（股权）账面价值的暂时性差异专项说明。

（五）其他相关规定（国家税务总局公告 2015 年第 48 号）

债务重组中当事各方，指债务人、债权人。债务重组的主导方为债务人。

债务重组适用特殊性税务处理的，根据不同情形，应准备以下资料：

（1）发生债务重组所产生的应纳税所得额占该企业当年应纳税所得额50%以上的，债务重组所得要求在 5 个纳税年度的期间内，均匀计入各年度应纳税所得额的，应准备以下资料：

①当事方的债务重组的总体情况说明（如果采取申请确认的，应为企业的申请，下同），情况说明中应包括债务重组的商业目的；

②当事各方所签订的债务重组合同或协议；

③债务重组所产生的应纳税所得额、企业当年应纳税所得额情况说明；

④税务机关要求提供的其他资料证明。

（2）发生债权转股权业务，债务人对债务清偿业务暂不确认所得或损失，债权人对股权投资的计税基础以原债权的计税基础确定，应准备以下资料：

①当事方的债务重组的总体情况说明。情况说明中应包括债务重组的商业目的；

②双方所签订的债转股合同或协议；

③企业所转换的股权公允价格证明；

④工商部门及有关部门核准相关企业股权变更事项证明材料；

⑤税务机关要求提供的其他资料证明。

企业发生符合财税〔2009〕59号规定的特殊性重组条件并选择特殊性税务处理的，当事各方应在该重组业务完成当年企业所得税年度申报时，向主管税务机关提交书面备案资料，证明其符合各类特殊性重组规定的条件。企业未按规定书面备案的，一律不得按特殊重组业务进行税务处理。重组业务完成当年，是指重组日所属的企业所得税纳税年度。债务重组，以债务重组合同（协议）或法院裁定书生效日为重组日。

企业发生财税〔2009〕59号规定的债务重组适用特殊性税务处理的，应准确记录应予确认的债务重组所得，并在相应年度的企业所得税汇算清缴时对当年确认额及分年结转额的情况作出说明。主管税务机关应建立台账，对企业每年申报的债务重组所得与台账进行比对分析，加强后续管理。

（六）相关附表

附表 1　企业重组所得税特殊性税务处理报告表

纳税人名称（盖章）		纳税人识别号	
单位地址		财务负责人	
主管税务机关（全称）		联系电话	

重组日：	重组业务开始年度：		重组业务完成年度：
重组交易类型	企业在重组业务中所属当事方类型		
□法律形式改变			
□债务重组	□债务人	□债权人	
□股权收购	□收购方	□转让方	□被收购企业
□资产收购	□收购方	□转让方	
□合并	□合并企业	□被合并企业	□被合并企业股东
□分立	□分立企业	□被分立企业	□被分立企业股东
特殊性税务处理条件	（一）具有合理的商业目的，且不以减少、免除或者推迟缴纳税款为主要目的；		□
	（二）被收购、合并或分立部分的资产或股权比例符合规定的比例；		□比例　%
	（三）企业重组后的连续 12 个月内不改变重组资产原来的实质性经营活动；		□
	（四）重组交易对价中涉及股权支付金额符合规定比例；		□比例　%
	（五）企业重组中取得股权支付的原主要股东，在重组后连续 12 个月内，不得转让所取得的股权。		□
主管税务机关受理意见	（受理专用章）　　　　　　　　年　月　日		

其他需要说明的事项（重组业务其他需要说明的事项，如没有则填"无"）：

续表

纳税人声明	谨声明：本人知悉并保证本表填报内容及所附证明材料真实、完整，并承担因资料虚假而产生的法律和行政责任
	法定代表人签章：　　　　年　月　日

填表人：　　　　　　　　　　填表日期：

填表说明：

1. 本表为企业重组业务适用特殊性税务处理申报时填报。涉及两个及以上重组交易类型的，应分别填报。

2. "特殊性税务处理条件"，债务重组中重组所得超 50% 的，只需填写条件（一），债转股的，只需填写条件（一）和（五）；合并中同一控制下且不需要支付对价的合并，只需填写条件（一）、（二）、（三）和（五）。

3. 本表一式两份，重组当事方及其所属主管税务机关各一份。

4. 除法律形式简单改变外，重组各方应在该重组业务完成当年，办理企业所得税年度申报时，分别向各自主管税务机关报送《企业重组所得税特殊性税务处理报告表及附表》和申报资料。合并、分立中重组一方涉及注销的，应在尚未办理注销税务登记手续前进行申报。重组主导方申报后，其他当事方向其主管税务机关办理纳税申报。申报时还应附送重组主导方经主管税务机关受理的《企业重组所得税特殊性税务处理报告表及附表》（复印件）。

附表 2　企业重组所得税特殊性税务处理报告表（债务重组）

申报企业名称（盖章）：　　　　　　　　　　金额单位：元（列至角分）

债务人名称	债务人纳税识别号	债务人所属主管税务机关（全称）
债权人名称	债权人纳税识别号	债权人所属主管税务机关（全称）
债务重组方式	□　重组所得超过应纳税所得额 50%	□　债转股
债务人重组业务涉及的债务账面价值		
债务人重组业务涉及的债务计税基础（1）	其中：①应付账款计税基础	
	②其他应付款计税基础	
	③借款计税基础	
	④其他债务计税基础	

续表

除债转股方式外的债务重组	债务人用于偿付债务的资产公允价值（2）	其中：①现金	
		②银行存款	
		③非货币资产	
		④其他	
	债务人债务重组所得（3）=（1）-（2）		
	债务人本年度应纳税所得额	债务重组所得占本年度应纳税所得额的比重%	
债转股方式的债务重组	债权人债转股后所拥有的股权占债务人全部股权比例%	债转股取得股权的公允价值（4）	
	债权人原债权的计税基础（即股权的计税基础）	债务人暂不确认的债务重组所得（5）=（1）-（4）	

谨声明：本人知悉并保证本表填报内容及所附证明材料真实、完整，并承担因资料虚假而产生的法律和行政责任。

法定代表人签章：　　　　　　　　年　月　日

填表人：　　　　　　　　　填表日期：

填表说明：

本表一式两份，债务人（债权人）及其所属主管税务机关各一份。

附表3　企业重组所得税特殊性税务处理申报资料一览表

重组类型	资料提供方	申报资料
债务重组	当事各方	1. 债务重组的总体情况说明，包括债务重组方案、基本情况、债务重组所产生的应纳税所得额，并逐条说明债务重组的商业目的；以非货币资产清偿债务的，还应包括企业当年应纳税所得额情况；
		2. 清偿债务或债权转股权的合同（协议）或法院裁定书，需有权部门（包括内部和外部）批准的，应提供批准文件；
		3. 债权转股权的，提供相关股权评估报告或其他公允价值证明；以非货币资产清偿债务的，提供相关资产评估报告或其他公允价值证明；
		4. 重组当事各方一致选择特殊性税务处理并加盖当事各方公章的证明资料；
		5. 债权转股权的，还应提供工商管理部门等有权机关登记的相关企业股权变更事项的证明材料，以及债权人12个月内不转让所取得股权的承诺书；

重组类型	资料提供方	申报资料
债务重组	当事各方	6. 重组前连续 12 个月内有无与该重组相关的其他股权、资产交易，与该重组是否构成分步交易、是否作为一项企业重组业务进行处理情况的说明；
		7. 按会计准则规定当期应确认资产（股权）转让损益的，应提供按税法规定核算的资产（股权）计税基础与按会计准则规定核算的相关资产（股权）账面价值的暂时性差异专项说明。

三　消费税、资源税和土地增值税

债务人以非货币性资产清偿债务，有关消费税、资源税和土地增值税的处理原理同增值税。具体而言，以应税消费品清偿债务并处于征税环节的，应缴纳消费税；以应税矿产品清偿债务并处于征税环节的，应缴纳资源税；以房地产清偿债务，应缴纳土地增值税。但有几点值得注意的特殊规定：

（1）以应税消费品清偿债务应当按纳税人同类应税消费品的最高销售价格作为计税依据计算消费税。

（2）纳税人以应税矿产品偿债，属于纳税人自用应税产品应当缴纳资源税的情形。

（3）房地产开发企业将开发产品抵偿债务，发生所有权转移时应视同销售房地产，其收入按下列方法和顺序确认：①按本企业在同一地区、同一年度销售的同类房地产的平均价格确定；②由主管税务机关参照当地当年、同类房地产的市场价格或评估价值确定。

债务重组中的债权转股权、减免债务，不属于消费税、资源税和土地增值税的征税范围。

四　印花税

债务重组过程中，用于偿债的标的是否属于印花税的征税范围，关键是看该标的是否属于《印花税税目税率表》中税目。

在债务重组过程中，偿债标的为货物、劳务、服务等，应按照"买卖合同"（指动产买卖，不包括个人书立的动产买卖合同）、"承揽合同"、"建筑工程合同"、"运输合同"（指货运合同和多式联运合同，不包括管道运输合同）、"技术合同"（不包括专利权、专有技术使用权转让书据）、"租赁合同"、"融资租赁合同"、"保管合同"以及"仓储合同"等税目缴纳印花税。

在债务重组过程中，偿债标的为土地使用权、房屋等建筑物和构筑物所有权以及商标专用权、著作权、专利权、专有技术使用权等，能否适用《财政部　税务总局关于企业改制重组及事业单位改制有关印花税政策的公告》（财政部　税务总局公告 2024 年第 14 号）第三条①的规定存在争议。在该通知未更新并进一步明确前，本书建议按照"产权转移书据"税目缴纳印花税。

若债权人受让股票，根据《印花税法》第三条规定，证券交易印花税对证券交易的出让方征收，不对受让方征收；第五条规定，证券交易的计税依据为成交金额；证券交易的应纳税额为成交金额的 1‰。因此，债务人出让股票应当按照"证券交易"税目缴纳印花税，应纳税额为成交金额的 1‰；但是，债权人受让股票不用缴纳印花税。

需要注意的是，根据《财政部　税务总局关于继续实施银行业金融机构、金融资产管理公司不良债权以物抵债有关税收政策的公告》（财政部　税务总局公告 2023 年第 35 号）规定，对银行业金融机构、金融资产管理公司接收、处置抵债资产过程中涉及的合同、产权转移书据和营业账

---

① 对企业改制、合并、分立、破产、清算以及事业单位改制书立的产权转移书据，免征印花税。

簿免征印花税，对合同或产权转移书据其他各方当事人应缴纳的印花税照章征收。其中，抵债不动产、抵债资产，是指经人民法院判决裁定或仲裁机构仲裁的抵债不动产、抵债资产；金融资产管理公司的抵债不动产、抵债资产，限于其承接银行业金融机构不良债权涉及的抵债不动产、抵债资产；银行业金融机构，是指在中华人民共和国境内设立的商业银行、农村合作银行、农村信用社、村镇银行、农村资金互助社以及政策性银行；金融资产管理公司，是指持有国务院银行业监督管理机构及其派出机构颁发的《金融许可证》的资产管理公司。

在债务重组过程中，若债权人受让股权，根据《印花税法》第四条、第五条规定，债务重组双方需要按"产权转移书据——股权转让书据"税目缴纳印花税，应纳税额为股权转让书据所列金额的 0.5‰。

债务人将债务转为资本，会导致自身实收资本（股本）和资本公积增加，应当按规定缴纳印花税。对经国务院批准实施的重组项目中发生的债权转股权，债务人因债务转为资本而增加的实收资本（股本）、资本公积合计金额，免征印花税（财政部 税务总局公告 2024 年第 14 号）。根据《印花税法》第四条、第五条规定，应税营业账簿的计税依据，为账簿记载的实收资本（股本）、资本公积合计金额，应纳税额为实收资本（股本）、资本公积合计金额的 0.25‰。

五　契税

在债务重组过程中，若债权人将债权转为股权，且该债权人属于依照我国有关法律法规设立并在中国境内注册的企业，则根据《财政部　税务总局关于继续实施企业、事业单位改制重组有关契税政策的公告》（财政部　税务总局公告 2023 年第 49 号）的规定，经国务院批准实施债权转股权的企业，对债权转股权后新设立的公司承受原企业的土地、房屋权属，免征契税。企业在提请享受上述契税优惠政策时，应向主管税务机关提交相关资料，包括国务院批准实施债权转股权的文件。

在债务重组过程中，若债权人受让土地、房屋权属，应以土地、房屋的抵债金额（不公允的参照市场价格核定）为计税依据缴纳契税。但税法对部分行业、特定行为给予税收优惠，如对银行业金融机构、金融资产管理公司接收抵债资产免征契税。

第三章

债权人的会计处理与税务处理

本章思维导图

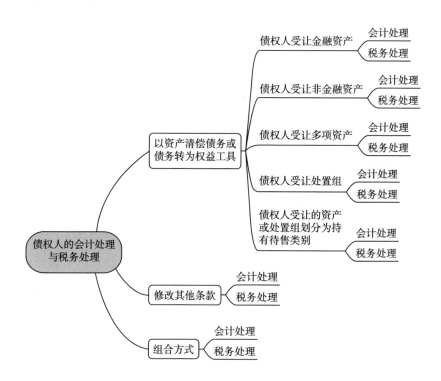

一　以资产清偿债务或将债务转为权益工具

（一）债权人受让金融资产

1. 会计处理

债权人受让包括现金在内的单项或多项金融资产的，应当按照《企业会计准则第22号——金融工具确认和计量》的规定进行确认和计量。金融资产初始确认时应当以其公允价值计量。金融资产确认金额与债权终止确认日账面价值之间的差额，记入"投资收益"科目，但收取的金融资产的公允价值与交易价格（即放弃债权的公允价值）存在差异的，应当按照《企业会计准则第22号——金融工具确认和计量》第三十四条的规定处理。

《企业会计准则第22号——金融工具确认和计量》第三十四条规定如下：企业应当根据公允价值计量准则的规定，确定金融资产和金融负债在初始确认时的公允价值。公允价值通常为相关金融资产或金融负债的交易价格。金融资产或金融负债公允价值与交易价格存在差异的，企业应当区别下列情况进行处理：

（1）在初始确认时，金融资产或金融负债的公允价值依据相同资产或负债在活跃市场上的报价或者以仅使用可观察市场数据的估值技术确定的，企业应当将该公允价值与交易价格之间的差额确认为一项利得或损失。

（2）在初始确认时，金融资产或金融负债的公允价值以其他方式确定的，企业应当将该公允价值与交易价格之间的差额递延。初始确认后，企业应当根据某一因素在相应会计期间的变动程度将该递延差额确认为相应会计期间的利得或损失。该因素应当仅限于市场参与者对该金融工具定价时将予考虑的因素，包括时间等。

> **📢 特别提示**
>
> 　　债权人受让金融资产会计处理规则遵循的思想：债权人以自己的债权（BV）为对价去购买债务人的金融资产（FV），金融资产 FV−债权 BV＝投资收益。但是，当"金融资产 FV−债权 FV≠0"时，若金融资产 FV 有可观察市场数据，该差额记入利得或损失（投资收益）；若金融资产 FV 的取得并非基于可观察的市场数据，该差额予以递延，再按与金融资产定价有关的某因素在相应会计期间的变动程度将该差额确认为利得或损失（投资收益）。

　　上述会计处理可用会计分录表述如下：

　　借：银行存款、其他债权投资、其他权益工具投资等（FV）

　　　　坏账准备

　　　　投资收益（受让金融资产 FV−债权 BV，或贷记）

　　　贷：应收账款（账面余额）

2. 税务处理

（1）增值税

　　如果金融资产属于增值税中的"金融商品"（如股票、债券、基金等），则债务人会涉及增值税问题。

　　纳税人从事金融商品转让的，增值税纳税义务、扣缴义务发生时间为金融商品所有权转移的当天（财税〔2016〕36 号）。金融商品转让，是指转让外汇、有价证券、非货物期货和其他金融商品所有权的业务活动。其他金融商品转让包括基金、信托、理财产品等各类资产管理产品和各种金融衍生品的转让（财税〔2016〕36 号附件《销售服务、无形资产、不动产注释》）。

　　金融商品转让，按照卖出价扣除买入价后的余额为销售额。转让金融商品出现的正负差，按盈亏相抵后的余额为销售额。若相抵后出现负差，可结转下一纳税期与下期转让金融商品销售额相抵，但年末时仍出现负差的，不得转入下一个会计年度。金融商品的买入价，可以选择按照加权平均法或者移动加权平均法进行核算，选择后 36 个月内不得变更。金融商品转让，转让方不得开具增值税专用发票（财税〔2016〕36 号附件 2）。实务中，开具普通发票的情形也比较少见。

即如果债权人受让的金融资产为股票、债券、基金等有价证券时，债务人要按"金融商品转让"缴纳增值税。因此，作为受让金融商品的债权人而言，并无增值税问题。为了进行规范的财税处理，建议债权人尽量取得金融商品转让过程中的普通发票和相关合同，作为账务处理的依据。

值得注意的是，如果债权人的债权体现为债券等有价证券（如在"应付债券"中核算的债权和可转换公司债券），则该债权人在重组放弃债权的过程中要按"金融商品转让"缴纳增值税。

如果金融资产不属于增值税中的"金融商品"（如银行存款、股权等），则交易双方均不涉及增值税问题。

（2）企业所得税

债权人受让金融资产的企业所得税处理需要考虑是适用一般性税务处理还是特殊性税务处理。根据前文的分析，判断标准主要是财税〔2009〕59 号中的两条：第（1）条，具有合理的商业目的，且不以减少、免除或者推迟缴纳税款为主要目的；第（5）条，企业重组中取得股权支付的原主要股东，在重组后连续 12 个月内，不得转让所取得的股权。如果债权人受让的金融资产是股权、股票类等权益工具（会计上一般在"其他权益工具投资"和"交易性金融资产"核算），则这两条需要同时满足；反之，如果债权人受让的是非权益类金融资产，则只需要满足第（1）条即可。

根据上述标准，若适用一般性税务处理，则债权人按以下规定处理：债权人应当按照收到的债务清偿额低于债权计税基础的差额，确认债务重组损失（体现为投资损失）。债权人收到的以金融资产体现的债务清偿金额，以该金融资产的公允价值作为计税基础。上述规则除债权人的债权计税基础可能与账面价值存在差异之外（如计提了减值），其他与会计处理保持一致。

根据上述标准，若适用特殊性税务处理，则债权人按以下规定处理：债权人取得的金融资产属于权益工具（会计上在"其他权益工具投资"核算），这就属于税法中的"债权转股权"，该权益工具的计税基础以原债权的计税基础确定。上述规则与会计处理存在较大差异。

（3）印花税

债权人受让金融资产，若该金融资产属于"其他权益工具投资"（即非交易性股权投资，且对被投资企业不产生重大影响、共同控制和控制），根据《中华人民共和国印花税法》第五条及其税目税率表规定，债务重组双方需要按"产权转移书据——股权转让书据"税目缴纳印花税，应纳税额为股权转让书据所列金额的 0.5‰。

债务人将债务转为资本，会导致自身实收资本（股本）和资本公积增加，产生印花税问题。根据《中华人民共和国印花税法》第五条规定，应税营业账簿的计税依据，为账簿记载的实收资本（股本）、资本公积合计金额，应纳税额为实收资本（股本）、资本公积合计金额的 0.25‰。

（二）债权人受让非金融资产

1. 会计处理

债权人初始确认受让的金融资产以外的资产时，应当按照下列原则以成本计量：

（1）存货的成本，包括放弃债权的公允价值，以及使该资产达到当前位置和状态所发生的可直接归属于该资产的税金、运输费、装卸费、保险费等其他成本。

（2）对联营企业或合营企业投资的成本，包括放弃债权的公允价值，以及可直接归属于该资产的税金等其他成本。

（3）投资性房地产的成本，包括放弃债权的公允价值，以及可直接归属于该资产的税金等其他成本。

（4）固定资产的成本，包括放弃债权的公允价值，以及使该资产达到预定可使用状态前所发生的可直接归属于该资产的税金、运输费、装卸费、安装费、专业人员服务费等其他成本。确定固定资产成本时，应当考虑预计弃置费用因素。

（5）生物资产的成本，包括放弃债权的公允价值，以及可直接归属于该资产的税金、运输费、保险费等其他成本。

（6）无形资产成本，包括放弃债权的公允价值，以及可直接归属于使该资产达到预定用途所发生的税金等其他成本。

放弃债权的公允价值与账面价值之间的差额，记入"投资收益"科目。

📢 特别提示 1

债权人受让非金融资产会计处理规则遵循的是"分离交易"的思想：先将债权卖掉收取资金（按公允价值卖，FV－BV＝投资收益），同时用这笔资金去购买非金融资产（按成本计量），最后将两笔交易的会计处理合并。

📢 特别提示 2

债务人以存货清偿债务方式进行的债务重组，不适用收入准则，不应作为存货的销售处理。所清偿债务账面价值与存货账面价值之间的差额，应记入"其他收益"科目。

📢 特别提示 3

请关注官方企业会计准则实施问答：

问题：债权人和债务人以资产清偿债务方式进行债务重组的，债权人初始确认受让非金融资产时，应以放弃债权的公允价值和可直接归属于受让资产的其他成本作为受让资产初始计量成本。应当如何理解放弃债权公允价值与受让资产公允价值之间的关系？

解答：如果债权人与债务人间的债务重组是在公平交易的市场环境中达成的交易，放弃债权的公允价值通常与受让资产的公允价值相等，且通常不高于放弃债权的账面余额。

上述会计处理可用会计分录表述如下：

借：库存商品、固定资产等（放弃债权 FV＋相关税费）

　　　坏账准备

　　　投资收益（放弃债权 FV－BV，或贷记）

　　贷：应收账款（账面余额）

　　　　银行存款（支付的相关税费）

2. 税务处理

（1）增值税

作为一般纳税人的债权人受让存货、固定资产、生物资产、无形资产等，若取得增值税专用发票，除非用于不得抵扣的情形（如将取得的资产用于简易计税方法计税项目、免征增值税项目、集体福利或者个人消费等），是可以抵扣的。该增值税税款不记入上述资产的入账价值。反之，若债权人为小规模纳税人或虽为一般纳税人但取得的资产用于不得抵扣情形，则取得的增值税专用发票不得抵扣，相应的税款记入上述资产的入账价值。

债权人受让联营企业或合营企业的投资，会计上是作为"长期股权投资"核算的。该交易不涉及增值税问题。

债权人受让投资性房地产，会计上放在"投资性房地产"核算的。但税法上并无投资性房地产的概念，是作为固定资产或无形资产（土地使用权）来处理的。房地产属于不动产，债务人转让房地产会涉及增值税、土地增值税、印花税和企业所得税问题。作为一般纳税人的债权人，如果取得债务人开具的增值税专用发票，且未将房地产用于不得抵扣的情形，则可以抵扣。反之，若债权人为小规模纳税人或虽为一般纳税人但取得的不动产用于不得抵扣情形，则取得的增值税专用发票不得抵扣，相应的税款记入不动产的入账价值。

（2）企业所得税

债权人受让非金融资产的企业所得税处理也需要考虑是适用一般性税务处理还是特殊性税务处理。根据前文的分析，判断标准主要是（财税

〔2009〕59号）三条：第（1）条，具有合理的商业目的，且不以减少、免除或者推迟缴纳税款为主要目的；第（3）条，债务重组后连续12个月内不改变重组资产原来的实质性经营活动；第（5）条，企业重组中取得股权支付的原主要股东，在重组后连续12个月内，不得转让所取得的股权。如果债权人受让的非金融资产是长期股权投资，则第（1）、（5）条需要同时满足；反之，如果债权人受让的是其他非金融资产，则需要同时满足第（1）、（3）条。

根据上述标准，若适用一般性税务处理，则债权人按以下规定处理：债权人应当按照收到的债务清偿额低于债权计税基础的差额，确认债务重组损失（体现为投资损失）。债权人收到的偿债非金融资产，以该非金融资产的公允价值和取得非金融资产过程中发生的合理必要的开支作为计税基础。值得注意的是，债权人取得用于偿债的非金融资产，其公允价值一般与放弃债权的公允价值相等（源于等价交换原则）。尽管税务处理的理念与会计处理存在差异，但在实操中两者通常相等，并不构成实质性差异。为了与会计规则相衔接，本书在下文的表述中用"放弃债权的公允价值"替代"取得非金融资产的公允价值"。

上述规则除债权人的债权计税基础可能与账面价值存在差异之外（如计提了减值），其他与会计处理基本保持一致。具体而言：

①存货的计税基础，包括放弃债权的公允价值，以及使该存货达到当前位置和状态所发生的可直接归属于该存货的税金、运输费、装卸费、保险费等其他成本。

②对联营企业或合营企业投资（会计上体现为"长期股权投资"）的计税基础，包括放弃债权的公允价值，以及为取得该投资而发生的税金等其他成本。

③投资性房地产在税法中体现为固定资产或无形资产（土地使用权），其计税基础包括放弃债权的公允价值，以及为取得房地产而发生的税金等其他成本。

④固定资产的计税基础，包括放弃债权的公允价值，以及使该固定资

产达到预定可使用状态前所发生的可直接归属于该资产的税金、运输费、装卸费、安装费、专业人员服务费等其他成本。但是，确定固定资产的计税基础时，税法不需要考虑预计弃置费用因素。

⑤生物资产的计税基础，包括放弃债权的公允价值，以及可直接归属于该资产的税金、运输费、保险费等其他成本。

⑥无形资产的计税基础，包括放弃债权的公允价值，以及可直接归属于使该资产达到预定用途所发生的税金等其他成本。

放弃债权的公允价值与计税基础之间的差额，作为债务重组损失，会计上记入"投资收益"科目。

📢 特别提示

《国家税务总局关于发布〈企业资产损失所得税税前扣除管理办法〉的公告》（国家税务总局公告 2011 年第 25 号）第二十二条规定，企业应收及预付款项坏账损失应依据以下相关证据材料确认：相关事项合同、协议或说明；属于债务重组的，应有债务重组协议及其债务人重组收益纳税情况说明；第四十条规定，企业债权投资损失应依据投资的原始凭证、合同或协议、会计核算资料等相关证据材料确认；第四十六条规定，企业未向债务人和担保人追偿的债权不得作为损失在税前扣除。上述规定说明，债权人主动放弃债权的损失，则不得税前扣除。《财政部 国家税务总局关于企业资产损失税前扣除政策的通知》（财税〔2009〕57 号）第四条规定，企业除贷款类债权外的应收、预付账款，符合"与债务人达成债务重组协议或法院批准破产重整计划后，无法追偿的"条件的，减去可收回金额后确认的无法收回的应收、预付款项，可以作为坏账损失在计算应纳税所得额时扣除。

根据上述标准，若适用特殊性税务处理①，则债权人取得的金融资产属于长期股权投资，这就属于税法中的"债权转股权"，该股权的计税基础以原债权的计税基础确定。上述规则与会计处理存在较大差异。

（3）印花税

债权人受让非金融资产，若该非金融资产属于长期股权投资（即对被投资单位具有重大影响、共同控制和控制的情形），根据《中华人民共和国印花税法》第五条规定，债务重组双方需要按"产权转移书据——股权转让书据"税目缴纳印花税，应纳税额为股权转让书据所列金额的0.5‰。

债务人将债务转为资本，会导致自身实收资本（股本）和资本公积增加，产生印花税问题。根据《中华人民共和国印花税法》第五条规定，应税营业账簿的计税依据，为账簿记载的实收资本（股本）、资本公积合计金额，应纳税额为实收资本（股本）、资本公积合计金额的0.25‰。

（4）其他税收

债权人受让的非金融资产若属于房地产，债权人应在依法办理土地、房屋权属登记手续前申报缴纳契税。经国务院批准实施债权转股权的企业，对债权转股权后新设立的公司承受原企业的土地、房屋权属，免征契税（财政部　税务总局公告2023年第49号）。

同时，在持有房地产期间，若将房产用于生产经营或出租等用途，还

---

① 值得注意的是，企业债务重组适用特殊性税务处理的，其债务重组确认的应纳税所得额占该企业当年应纳税所得额50%以上，可以在5个纳税年度的期间内，均匀计入各年度的应纳税所得额。那么，债权人取得清偿资产的计税基础是否需要逐年按对应年度确认的所得调增？是否这样处理才能体现重组双方选择一致的处理？针对这一问题，目前实务中存在争议。本书认为，债权人取得清偿资产的计税基础不需要在原计税基础之上，加上每年确认的所得，逐年进行调整。理由在于财税〔2009〕59号文中并未对此作出具体规定，逐年调整会加大政策的执行成本；同时，该业务也不存在类似《财政部　国家税务总局关于非货币性资产投资企业所得税政策问题的通知》（财税〔2014〕116号）第四条规定隐喻的"短期行为"。该通知第四条的规定如下：企业在对外投资5年内转让上述股权或投资收回的，应停止执行递延纳税政策，并就递延期内尚未确认的非货币性资产转让所得，在转让股权或投资收回当年的企业所得税年度汇算清缴时，一次性计算缴纳企业所得税；企业在计算股权转让所得时，可按本通知第三条第一款规定将股权的计税基础一次调整到位。企业在对外投资5年内注销的，应停止执行递延纳税政策，并就递延期内尚未确认的非货币性资产转让所得，在注销当年的企业所得税年度汇算清缴时，一次性计算缴纳企业所得税。

需要缴纳房产税。其中，受让的房地产自用，按从价计征；受让的房地产出租，按从租计征。

（三）债权人受让多项资产

1. 会计处理

债权人受让多项非金融资产，或者包括金融资产、非金融资产在内的多项资产的，应当按照《企业会计准则第22号——金融工具确认和计量》的规定确认和计量受让的金融资产；按照受让的金融资产以外的各项资产在债务重组合同生效日的公允价值比例，对放弃债权在合同生效日的公允价值扣除受让金融资产当日公允价值后的净额进行分配，并以此为基础分别确定各项资产的成本。放弃债权的公允价值与账面价值之间的差额，记入"投资收益"科目。

> 📢 **特别提示**
>
> 债权人受让多项资产会计处理思路：先按 FV 确认受让的金融资产（因为金融资产的 FV 能够持续可靠取得，不需要分配，若分配欠可靠性，同时也不满足成本效益原则），再将剩余部分（放弃债权的 FV-受让金融资产的 FV）按非金融资产在重组生效日的 FV 比例分配记入各项非金融资产的成本。同时，放弃债权的（FV-BV）记入"投资收益"。

上述会计处理可用会计分录表述如下：

借：交易性金融资产（FV）

　　库存商品（放弃债权 FV-受让金融资产 FV，按非金融资产 FV 分配确认）

　　固定资产（放弃债权 FV-受让金融资产 FV，按非金融资产 FV 分配确认）

　　坏账准备

　　投资收益（放弃债权 FV-BV，或贷记）

贷：应收账款（账面余额）

　　银行存款（支付的相关税费）

2. 税务处理

债权人受让多项资产包括受让多项非金融资产，或者包括金融资产和非金融资产在内的多项资产。前文已经分别分析债权人受让金融资产和非金融资产的税务处理。债权人受让多项资产的税务处理与受让单项金融资产或非金融资产的税务处理理念基本相同。重点需要关注受让多项资产的会计处理思路与税务处理是否存在差异。

正如前文所述，债权人受让多项资产会计处理思路如下：先按 FV 确认受让的金融资产，再将剩余部分（放弃债权的 FV-受让金融资产的 FV）按非金融资产在重组生效日的 FV 比例分配记入各项非金融资产的成本。同时，放弃债权的（FV-BV）记入"投资收益"。

从税务处理视角来分析，在一般性税务处理情形下，债权人先按 FV 确认受让金融资产的计税基础，再将剩余部分（放弃债权的 FV-受让金融资产的 FV）按非金融资产在重组生效日的 FV 比例分配记入各项非金融资产的计税基础。即在一般性税务处理情形下，税务处理与会计处理保持一致。值得注意的是，可能有读者认为，税务处理没有必要先将金融资产按 FV 确认计税基础，而是将债权人放弃债权的公允价值按所有各单项金融资产和非金融资产的 FV 之和作为分配的基数。我们认为，形式上这种理解是符合企业所得税法规定的。但是，从实质上讲，按照金融工具与确认计量准则的规定，金融资产的公允价值都是可以获取的，没有必要通过分配再来确定金融资产的计税基础。如果这样做，分配的结果与金融资产的公允价值之间会存在差异，不满足可靠性和确定性的要求。因此，本书建议在这一点上税法处理应与会计处理保持一致。

（四）债权人受让处置组

1. 会计处理

债务人以处置组清偿债务的，债权人应当分别按照《企业会计准则第

22 号——金融工具确认和计量》及其他相关准则的规定，对处置组中的金融资产和负债进行初始计量，然后按照金融资产以外的各项资产在债务重组合同生效日的公允价值比例，对放弃债权在合同生效日的公允价值以及承担的处置组中负债的确认金额之和，扣除受让金融资产当日公允价值后的净额进行分配，并以此为基础分别确定各项资产的成本。放弃债权的公允价值与账面价值之间的差额，记入"投资收益"科目。

> 📣 **特别提示**
>
> 债权人受让处置组会计处理思路：先按 FV 确认受让的金融资产和承担的金融负债，再将剩余部分（放弃债权的 FV+承担的负债 FV-受让金融资产的 FV）按非金融资产在重组生效日的 FV 比例分配记入各项非金融资产的成本。同时，放弃债权的（FV-BV）记入"投资收益"。

上述会计处理可用会计分录表述如下：

借：交易性金融资产等（FV）

　　固定资产/无形资产等（放弃债权的 FV+承担负债的 FV-受让金融资产的 FV，按非金融资产 FV 比例分配确认）

　　坏账准备等

　　投资收益（倒挤，或贷记）

贷：应收账款

　　××负债（承担负债的 FV）

2. 税务处理

债权人受让处置组与受让多项资产的税务处理类似。这源于债权人受让处置组与受让多项资产的会计处理思路类似：先按 FV 确认受让的金融资产和金融负债，再将剩余部分（放弃债权的 FV+承担的负债 FV-受让金融资产的 FV）按非金融资产在重组生效日的 FV 比例分配记入各项非金融资产的成本。同时，放弃债权的（FV-BV）记入"投资收益"。

从税务处理视角来分析，在一般性税务处理情形下，债权人先按 FV

确认受让金融产和金融负债的计税基础，再将剩余部分（放弃债权的 FV+承担的负债 FV-受让金融资产的 FV）按非金融资产在重组生效日的 FV 比例分配记入各项非金融资产的计税基础。即在一般性税务处理情形下，税务处理与会计处理保持一致。

（五）债权人将受让的资产或处置组划分为持有待售类别

1. 会计处理

债务人以资产或处置组清偿债务，且债权人在取得日未将受让的相关资产或处置组作为非流动资产和非流动负债核算，而是将其划分为持有待售类别的，债权人应当在初始计量时，比较假定其不划分为持有待售类别情况下的初始计量金额和公允价值减去出售费用后的净额，以两者孰低计量。

📢：**特别提示**

债权人将受让资产或处置组划分为持有待售类别，初始计量金额 = min（假定其不划分为持有待售类别情况下的初始计量金额，公允价值减去出售费用后的净额）。这样处理的逻辑是初始计量金额已经考虑了资产或处置组的减值问题。

上述会计处理可用会计分录表述如下：

借：持有待售资产 [min（假定其不划分为持有待售类别情况下的初始计量金额，公允价值减去出售费用后的净额）]

　　坏账准备

　　资产减值损失

　贷：应收账款

值得注意的是，资产减值损失是按照《企业会计准则第 42 号——持有待售的非流动资产、处置组和终止经营》规定来确定的。

2. 税务处理

准则规定，债权人将受让的资产或处置组未在取得日作为非流动资产和非流动负债核算，而是将其划分为持有待售类别，初始计量金额 = min（假定其不划分为持有待售类别情况下的初始计量金额，公允价值减去出售费用后的净额）。这样处理的逻辑是初始计量金额已经考虑了资产或处置组的减值问题。

但是，税法中并无将资产划分为持有待售类别的规定。债权人取得的受让资产或处置组仍按照前文受让金融资产、非金融资产、多项资产和处置组的税务处理规则进行即可。在一般性税务处理情形下，受让资产或负债的计税基础与持有待售类别初始计量金额的差异主要是资产或处置组是否发生减值。若发生了减值，两者存在差异；若未发生减值，两者不存在差异。当然，在特殊性税务处理情形下，两者之间的差异明显，本书将在后续案例中展开分析。

二　修改其他条款

（一）会计处理

债务重组采用以修改其他条款方式进行的，如果修改其他条款导致全部债权终止确认，债权人应当按照修改后的条款以公允价值初始计量重组债权，重组债权的确认金额与债权终止确认日账面价值之间的差额，记入"投资收益"科目。

> **📢 特别提示**
>
> 修改其他条款为实质性修改，终止确认全部债权，重新以 FV 计量重组债权，重组债权 FV－原债权 BV＝投资收益。

如果修改其他条款未导致债权终止确认，债权人应当根据其分类，继续以摊余成本、以公允价值计量且其变动记入其他综合收益，或者以公允价值计量且其变动记入当期损益进行后续计量。对于以摊余成本计量的债权，债权人应当根据重新议定合同的现金流量变化情况，重新计算该重组债权的账面余额，并将相关利得或损失记入"投资收益"科目。重新计算的该重组债权的账面余额，应当根据将重新议定或修改的合同现金流量按债权原实际利率折现的现值确定，购买或源生的已发生信用减值的重组债权，应按经信用调整的实际利率折现。对于修改或重新议定合同所产生的成本或费用，债权人应当调整修改后的重组债权的账面价值，并在修改后重组债权的剩余期限内摊销。

📢 **特别提示 1**

　　修改其他条款不具有实质性，不能终止确认债权，继续对债权进行后续计量，其中以摊余成本计量的债权后续需要重新计量（原实际利率折现/购买或源生的已发生减值债权按经信用调整的实际利率折现），重组债权 BV−原债权 BV＝投资收益。

📢 **特别提示 2**

　　修改其他条款产生的成本或费用，调整重组债权的 BV。

　　修改其他条款的账务处理归纳如表 3−1 所示。

表 3−1　修改其他条款的账务处理

项目	原则	账务处理
债权人	通常情况下，应当整体考虑是否对全部债权的合同条款作出了实质性修改。如果作出实质性修改，或者债权人与债务人之间签订协议，以获取实质上不同的新金融资产方式替换债权，应当终止确认原债权，并按照修改后的条款或新协议确认新金融资产。 【提示】债权人，修改其他条款方式或组合方式进行债务重组，一般为实质性修改。	（1）如果修改其他条款导致全部债权终止确认，债权人应当按照修改后的条款以公允价值初始计量新的金融资产，新金融资产的确认金额与债权终止确认日账面价值之间的差额，记入"投资收益"科目。会计处理如下： 借：应收账款——重组债权等（重组债权 FV） 　　投资收益（差额，或贷记） 　　坏账准备 　贷：应收账款等（原债权账面余额） （2）如果修改其他条款未导致债权终止确认，债权人应当根据其分类，继续以摊余成本、以公允价值计量且其变动记入其他综合收益，或者以公允价值计量且其变动记入当期损益进行后续计量。对于以摊余成本计量的债权，债权人应当根据重新议定合同的现金流量变化情况，重新计算该重组债权的账面余额，并将相关利得或损失记入"投资收益"科目。会计处理如下： 借：投资收益（或贷记） 　贷：债权投资（重新计算的账面余额与原账面余额的差额，或借记）

（二）税务处理

修改其他条款并无增值税和印花税的问题，主要是企业所得税问题。对于实质性修改，税法一般认可会计处理规则①。对于非实质性修改，税法不认可根据重新议定合同的现金流量变化来进行折现，并据此进行账务处理，仍按原债权进行税务处理。

对于修改或重新议定合同所产生的费用，会计上一般作为交易费用处理，记入重组债权的账面价值。但是，税法一般作为"管理费用"处理，准予当期在税前扣除。

---

① 有实务界专家询问：高利率修改为低利率是否属于实质性修改？这种情形是否适用债务重组的企业所得税处理？针对修改其他条款方式，准则应用指南汇编指出：（1）对于债权人，债务重组通过调整债务本金、改变债务利息、变更还款期限等修改合同条款方式进行的，合同修改前后的交易对手方没有发生改变，合同涉及的本金、利息等现金流量很难在本息之间及债务重组前后作出明确分割，即很难单独识别合同的特定可辨认现金流量。因此，通常情况下，应当整体考虑是否对全部债权的合同条款作出了实质性修改。如果作出实质性修改，或者债权人与债务人之间签订协议，以获取实质上不同的新金融资产方式替换债权，应当终止确认原债权，并按照修改后的条款或新协议确认新金融资产。（2）对于债务人，如果对债务或部分债务的合同条款作出实质性修改形成重组债务，或者债权人与债务人之间签订协议，以承担实质上不同的重组债务方式替换原债务，债务人应当终止确认原债务，同时按照修改后的条款确认一项新金融负债。其中，如果重组债务未来现金流量（包括支付和收取的某些费用）现值与原债务的剩余期间现金流量现值之间的差异超过10%，则意味着新的合同条款进行了实质性修改或者重组债务是实质上不同的，有关现值的计算均采用原债务的实际利率。据此，本书认为，对债权人而言，高利率修改为低利率一般属于实质性修改；对债务人而言，如果高利率修改为低利率使得重组债务未来现金流量现值与原债务剩余期间现金流量现值之间的差异超过10%，则该修改为实质性修改。若修改其他条款属于实质性修改，就表明在债务人发生财务困难的情况下，债权人按与债务人达成的重组协议，已经就债务人的债务作出让步，这就符合税法对"债务重组"的定义，因而可以适用债务重组的企业所得税处理。

三　组合方式

（一）会计处理

债务重组采用组合方式进行的，一般可以认为对全部债权的合同条款作出了实质性修改，债权人应当按照修改后的条款，以公允价值初始计量重组债权和受让的新金融资产，按照受让的金融资产以外的各项资产在债务重组合同生效日的公允价值比例，对放弃债权在合同生效日的公允价值扣除重组债权和受让金融资产当日公允价值后的净额进行分配，并以此为基础分别确定各项资产的成本。放弃债权的公允价值与账面价值之间的差额，记入"投资收益"科目。

> **📢 特别提示 1**
>
> 组合方式一般为合同条款的实质性修改，重组债权按 FV 计量，受让的金融资产按 FV 计量，剩余部分（放弃债权的 FV−重组债权 FV−受让金融资产 FV）按其他非金融资产 FV 的比例分配确定各项非金融资产的入账价值。放弃债权的（FV−BV）记入"投资收益"。

> **📢 特别提示 2**
>
> 对于企业因破产重整而进行的债务重组，由于涉及破产重整的债务重组协议执行过程及结果存在重大不确定性，因此企业通常应在破产重整协议履行完毕后确认债务重组收益，除非有确凿证据表明上述重大不确定性已经消除。

（二）税务处理

组合方式一般为债权条款的实质性修改，税法一般认可会计处理规则。但是，如果该组合方式适用特殊性税务处理，则企业发生债权转股权业务，对债务清偿和股权投资两项业务暂不确认有关债务清偿所得或损失，股权投资的计税基础以原债权的计税基础确定。企业的其他相关所得税事项保持不变。上述处理与会计处理存在较大差异。

第四章

债务人的会计处理与税务处理

本章思维导图

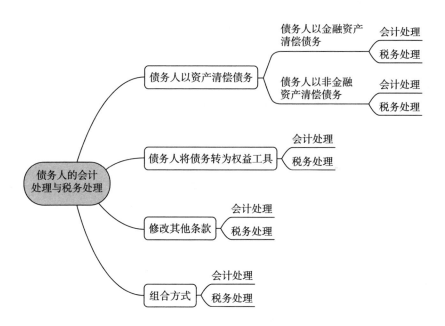

一　债务人以资产清偿债务

会计处理：

债务重组采用以资产清偿债务方式进行的，债务人应当将所清偿债务账面价值与转让资产账面价值之间的差额计入当期损益。

> 📢 **特别提示**
>
> 　　新债务重组准则不再区分债务重组利得、损失和资产处置损益，合并作为债务重组相关损益。与原债务重组准则相比，简化了处理。原准则处理的逻辑坚持的是"分离交易"的思想：假定债务人将自己的资产处置，收到一笔钱，再用这笔钱去清偿债务。那么债务人处置自己的资产要确认资产处置方面的损益，用这笔钱去清偿的债务一般低于原债务的账面余额（即债权人会作出让步），所以会有债务重组利得。

税务处理：

债务人以资产清偿债务的税务处理坚持"分离交易"的思想，这一点与原准则的会计处理思路保持一致。即债务人要按处置资产进行税务处理，同时将清偿债务的账面价值与按处置资产的公允价值之间的差额确认为债务重组的应纳税所得额。可见，与新债务重组准则之间存在差异。

（一）债务人以金融资产清偿债务

1. 会计处理

债务人以单项或多项金融资产清偿债务的，债务的账面价值与偿债金融资产账面价值的差额，记入"投资收益"科目。偿债金融资产已计提减值准备的，应结转已计提的减值准备。对于以分类为以公允价值计量且其变动计入其他综合收益的债务工具投资清偿债务的，之前计入其他综合收益的累计利得或损失应当从其他综合收益中转出，记入"投资收益"科目。对于以指定为以公允价值计量且其变动计入其他综合收益的非交易性权益工具投资清偿债务的，之前计入其他综合收益的累计利得或损失应当从其他综合收益中转出，记入"盈余公积""利润分配——未分配利润"等科目。

> **📢 特别提示**
>
> 金融资产清偿债务，债务 BV－金融资产 BV＝投资收益，同时将该金融资产的有关账户按"处置"思想予以结转。
>
> 上述会计处理可用会计分录表述如下：
>
> 借：应付账款（BV）
>
> 　贷：银行存款、其他债权投资、其他权益工具投资等（BV）
>
> 　　　投资收益（债务 BV－偿债金融资产 BV，或借记）
>
> 同时：
>
> 借：其他综合收益（或贷记）
>
> 　贷：投资收益（其他债权投资清偿债务，或借记）
>
> 　　　盈余公积、利润分配（其他权益工具投资清偿债务，或借记）

2. 税务处理

（1）增值税

会计上狭义上的金融资产划分为三类：以摊余成本计量的金融资产（在"债权投资"账户核算）、以公允价值计量且其变动计入其他综合收益的金融资产（若该金融资产属于债券，则在"其他债权投资"账户核算；若该金融资产属于权益工具，则在"其他权益工具投资"账户核算）和以公允价值计量且其变动计入当期损益的金融资产（在"交易性金融资产"账户核算）。广义的金融资产还包括货币资金和应收款项等。若金融资产不属于金融商品（如其他权益工具投资的标的资产为非交易性的股权投资，该股权投资在被投资企业中不具有重大影响、控制和共同控制的情形），则不涉及增值税问题；若金融资产属于"金融商品"〔如交易性金融资产的标的资产为股票（含限售股）、债券等有价证券时，债权投资、其他债权投资的标的资产为债券时]，则需要按"金融商品转让"税目缴纳增值税。具体规定如下：

金融商品转让，是指转让外汇、有价证券、非货物期货和其他金融商品所有权的业务活动。其他金融商品转让包括基金、信托、理财产品等各类资产管理产品和各种金融衍生品的转让（财税〔2016〕36号附件1《销售服务、无形资产、不动产注释》）。

纳税人从事金融商品转让的，纳税义务发生时间为金融商品所有权转移的当天〔财税〔2016〕36号附件1第四十五条第（三）项〕。

金融商品转让，按照卖出价扣除买入价后的余额为销售额。转让金融商品出现的正负差，按盈亏相抵后的余额为销售额。若相抵后出现负差，可结转下一纳税期与下期转让金融商品销售额相抵，但年末时仍出现负差的，不得转入下一个会计年度。金融商品的买入价，可以选择按照加权平均法或者移动加权平均法进行核算，选择后36个月内不得变更。金融商品转让，不得开具增值税专用发票（财税〔2016〕36号附件2）。

单位将其持有的限售股①在解禁流通后对外转让的，按照以下规定确定买入价（国家税务总局公告2016年第53号）：

①上市公司实施股权分置改革时，在股票复牌之前形成的原非流通股股份，以及股票复牌首日至解禁日期间由上述股份孳生的送、转股，以该上市公司完成股权分置改革后股票复牌首日的开盘价为买入价。

②公司首次公开发行股票并上市形成的限售股，以及上市首日至解禁日期间由上述股份孳生的送、转股，以该上市公司股票首次公开发行（IPO）的发行价为买入价。

③因上市公司实施重大资产重组形成的限售股，以及股票复牌首日至解禁日期间由上述股份孳生的送、转股，以该上市公司因重大资产重组股票停牌前一交易日的收盘价为买入价。

值得注意的是，单位将其持有的限售股在解禁流通后对外转让，按照

---

　　① 限售股属于金融产品。

上述规定确定的买入价，低于该单位取得限售股的实际成本价的，以实际成本价为买入价计算缴纳增值税（国家税务总局公告 2020 年第 9 号）。

纳税人转让因同时实施股权分置改革和重大资产重组而首次公开发行股票并上市形成的限售股，以及上市首日至解禁日期间由上述股份孳生的送、转股，以该上市公司股票上市首日开盘价为买入价，按照"金融商品转让"缴纳增值税；上市公司因实施重大资产重组多次停牌的，本项所称"股票停牌"，是指中国证券监督管理委员会就上市公司重大资产重组申请作出予以核准决定前的最后一次停牌（国家税务总局公告 2019 年第 31 号）。

上市公司因实施重大资产重组形成的限售股，以及股票复牌首日至解禁日期间由上述股份孳生的送、转股，因重大资产重组停牌的，按照③的规定确定买入价；在重大资产重组前已经暂停上市的，以上市公司完成资产重组后股票恢复上市首日的开盘价为买入价（国家税务总局公告 2018 年第 42 号）。

（2）企业所得税

债务人以金融资产清偿债务的企业所得税处理需要考虑是适用一般性税务处理还是特殊性税务处理。根据前文的分析，判断标准主要是（财税〔2009〕59 号）中的两条：第（1）条，具有合理的商业目的，且不以减少、免除或者推迟缴纳税款为主要目的；第（5）条，企业重组中取得股权支付的原主要股东，在重组后连续 12 个月内，不得转让所取得的股权。如果债务人用于清偿的金融资产是股权、股票等权益工具（会计上一般在"其他权益工具投资"和"交易性金融资产"核算），则这两条需要同时满足；反之，债务人用于清偿的金融资产是非权益类金融资产，则只需要满足第（1）条即可。

根据上述标准，若适用一般性税务处理，则债务人按以下规定处理（财税〔2009〕59 号）：

①以非货币资产清偿债务，应当分解为转让相关非货币性资产、按非货币性资产公允价值清偿债务两项业务，确认相关资产的所得或损失。

②债务人应当按照支付的债务清偿额低于债务计税基础的差额，确认

债务重组所得。

③债务人的相关所得税纳税事项原则上保持不变。

📢 特别提示 1

非货币资产对应会计上的"非货币性资产",是指除货币性资产以外的资产。按照非货币性资产交换准则的规定,货币性资产是指企业持有的货币资金和收取固定或可确定金额的货币资金的权利,包括库存现金、银行存款、应收账款、应收票据以及准确持有至到期的债券投资。区分货币性资产和非货币性资产的关键是企业能否以固定或可确定金额收回资金。如果可以,则该资产属于货币性资产;反之,则属于非货币性资产。金融资产中部分属于货币性资产,如货币资金、应收款项、准备持有至到期的债券投资;部分属于非货币性资产,如股票、非交易性的股权投资、不准备持有至到期的债券投资等。

📢 特别提示 2

以金融资产清偿债务,债务人的一般性税务处理,坚持的是"分离交易"的思想:假定债务人将自己的金融资产处置,收到一笔钱,确认转让金融资产的所得或损失;再用这笔钱去清偿债务,债务人按应当支付的金融资产清偿额减去债务的计税基础,确认债务重组所得。值得注意的是,虽然文件中仅阐述"非货币资产清偿债务",但是对于"货币资产清偿债务"仍可以适用"分离交易"的理解思路。有两点值得关注:一是货币资产转让所得大部分情况为零(如货币资产、应收款项等);二是货币资产转让所得与会计计算损益的方法存在较大差异(如债权投资),这主要体现在计税基础的确定以及金融资产持有期间税法并不认可会计处理上。

特别提示 3

以金融资产清偿债务，债务人确认金融资产转让所得或损失与会计处理存在差异，这主要源于债务人取得金融资产时计税基础确定方面与会计入账价值之间的差异以及税法不认可金融资产持有期间的相关会计处理。

《企业所得税法实施条例》第七十一条规定，投资资产按照以下方法确定成本：

①通过支付现金方式取得的投资资产，以购买价款为成本；

②通过支付现金以外的方式取得的投资资产，以该资产的公允价值和支付的相关税费为成本。

债务人取得的金融资产，其会计处理与税务处理可归纳如表 4-1 所示。

表 4-1　债务人取得金融资产的会计处理和税务处理

项目	会计处理	税务处理
交易性金融资产〔以公允价值计量且其变动计入当期损益的权益工具投资〕	初始计量：（1）按 FV，相关交易费用直接计入当期损益；（2）取得金融资产所支付的价款中包含的已宣告但尚未发放的现金股利，应当单独确认为应收项目	初始计量：（1）按 FV+交易费用确认计税基础；（2）认可会计处理
	后续计量：按 FV 重新计量，FV 的变动计入"公允价值变动损益"	后续计量：不需要进行处理
	处置：确认收到的款项，并结转交易性金融资产的 BV，差额计入"投资收益"。持有期间产生的"公允价值变动损益"不需要转入"投资收益"	处置：收到的款项与计税基础之间的差额确认为交易性金融资产的转让所得
其他权益工具投资〔以公允价值计量且其变动计入其他综合收益的非交易性权益工具投资〕	初始计量：（1）按 FV+相关交易费用确认入账价值；（2）企业取得金融资产所支付的价款中包含的已宣告但尚未发放的现金股利，应当单独确认为应收项目	初始计量：（1）按 FV+交易费用确认计税基础；（2）认可会计处理
	后续计量：（1）按 FV 重新计量，FV 的变动计入"其他综合收益"；（2）获得的股利（取得时计入应收项目的除外）计入"投资收益"	后续计量：（1）不需要进行处理；（2）获得的股利计入"投资收益"，一般为免税收入（居民企业之间的权益性投资收益免税，若被投资单位为上市公司，则投资方持有股票的时间要达到 12 个月及以上）

续表

项目	会计处理	税务处理
其他权益工具投资〔以公允价值计量且其变动计入其他综合收益的非交易性权益工具投资〕	处置：（1）确认收到的款项，并结转其他权益工具投资的 BV，差额计入"留存收益"（其中 10%计入法定盈余公积、剩余部分计入未分配利润）；（2）将持有期间形成的"其他综合收益"计入"留存收益"	处置：收到的款项与计税基础之间的差额确认为其他权益工具投资的转让所得
债权投资〔以摊余成本计量的金融资产〕	初始计量：（1）按 FV＋相关交易费用计量；（2）取得金融资产支付的价款中包含的已到付息期但尚未领取的债券利息，单独确认为应收项目	初始计量：（1）按 FV＋交易费用确认计税基础；（2）认可会计处理
	后续计量：（1）采用摊余成本和实际利率法计算确认收入。摊余成本是指金融资产或金融负债初始确认金额经下列调整后的结果：①扣除已偿还的本金；②加上或减去采用实际利率法将该初始确认金额与到期日金额之间的差额进行摊销形成的累计摊销额；③扣除累计计提的损失准备（仅适用于金融资产）。（2）利息收入计算方法。①金融资产未发生减值，或金融资产发生减值且属于第一、第二阶段：利息收入＝金融资产期初账面余额×实际利率②金融资产发生减值且属于第三阶段：利息收入＝金融资产期初摊余成本×实际利率	后续计量：采用票面利率计算确认收入。利息收入，按照合同约定的债务人应付利息的日期确认收入的实现。其中，对于分期付息到期还本的债券，计提的利息需要增加债权投资的计税基础（在会计上体现为"债权投资——应计利息"）
	处置：到期收到本金和利息	处置：到期收到本金和利息
其他债权投资〔以公允价值进行计量且其变动计入其他综合收益的金融资产〕	初始计量：（1）按 FV＋相关交易费用计量；（2）取得金融资产支付的价款中包含的已到付息期但尚未领取的债券利息，单独确认为应收项目	初始计量：（1）按 FV＋交易费用确认计税基础；（2）认可会计处理
	后续计量：（1）采用摊余成本和实际利率法计算确认利息收入（同债权投资）。但是此处的摊余成本不等于其他债权投资的 BV，要将其他债权投资的公允价值变动部分剔除；（2）确认利息收入后考虑 FV 变动，将"FV－BV"的差额计入"其他综合收益"	后续计量：计提利息，采用票面利率计算确认收入。利息收入，按照合同约定的债务人应付利息的日期确认收入的实现。其中，对于分期付息到期还本的债券，计提的利息需要增加其他债权投资的计税基础（在会计上体现为"其他债权投资——应计利息"）
	处置：（1）收取款项，结转其他债权投资的 BV，差额计入"投资收益"；（2）将"其他综合收益"转入"投资收益"	处置：将收取的款项减去其他债权投资的计税基础，计入转让所得

若适用特殊性税务处理，则债务人按以下规定处理：企业债务重组确认的应纳税所得额占该企业当年应纳税所得额 50% 以上，可以在 5 个纳税年度的期间内，均匀计入各年度的应纳税所得额。

（3）印花税

债务人以金融资产清偿债务，若该金融资产属于其他权益工具投资（即非交易性股权投资，且对被投资企业不产生重大影响、共同控制和控制），根据《中华人民共和国印花税法》第五条规定，债务重组双方需要按"产权转移书据——股权转让书据"税目缴纳印花税，应纳税额为股权转让书据所列金额的 0.5‰。

债务人将债务转为资本，会导致自身实收资本（股本）和资本公积增加，产生印花税问题。根据《中华人民共和国印花税法》第五条规定，应税营业账簿的计税依据，为账簿记载的实收资本（股本）、资本公积合计金额，应纳税额为实收资本（股本）、资本公积合计金额的 0.25‰。

（二）债务人以非金融资产清偿债务

1. 会计处理

债务人以单项或多项非金融资产（如固定资产、日常活动产出的商品或服务等）清偿债务，或者以包括金融资产和非金融资产在内的多项资产清偿债务的，不需要区分资产处置损益和债务重组损益，也不需要区分不同资产的处置损益，而应将所清偿债务账面价值与转让资产账面价值之间的差额，记入"其他收益——债务重组收益"科目。偿债资产已计提减值准备的，应结转已计提的减值准备。

> **📣 特别提示**
>
> 以非金融资产或多项资产（金融资产+非金融资产）清偿债务，清偿债务的 BV－转让资产 BV＝其他收益（即不区分资产处置损益和债务重组损益）

上述会计处理可用会计分录表述如下：

借：应付账款（BV）

　　贷：库存商品/无形资产/固定资产清理/交易性金融资产等（BV）

　　　　其他收益——债务重组收益（清偿债务 BV-转让资产 BV，或借记）

债务人以包含非金融资产的处置组清偿债务的，应当将所清偿债务和处置组中负债的账面价值之和，与处置组中资产的账面价值之间的差额，记入"其他收益——债务重组收益"科目。处置组所属的资产组或资产组组合按照《企业会计准则第 8 号——资产减值》分摊了企业合并中取得的商誉的，该处置组应当包含分摊至处置组的商誉。处置组中的资产已计提减值准备的，应结转已计提的减值准备。

📢 **特别提示**

处置组（含非金融资产）清偿债务，（清偿债务 BV+承担处置组负债 BV）-转让资产 BV=其他收益。

上述会计处理可用会计分录表述如下：

借：应付账款（BV）

　　持有待售负债——××负债（冲减处置组中负债的 BV）

　　贷：持有待售资产——××资产（冲减处置组中资产的 BV）

　　　　持有待售资产——商誉（冲减分摊商誉的 BV）

　　　　其他收益（倒挤，或借记）

2. 税务处理

（1）增值税

作为一般纳税人的债务人用存货、固定资产、生物资产、无形资产等非金融资产清偿债务，应以上述资产的公允价值（一般为市场价格）为销售额，计算缴纳增值税。如果难以确定上述资产的公允价值，建议结合《增值税暂行条例实施细则》的规定，按照下列顺序确定销售额：①按纳税人最近时期同类货物的平均销售价格确定；②按其他纳税人最近时期同类货物的平均销售价格确定；③按组成计税价格确定。

涉及"营改增"应税行为（如转让无形资产）的，结合《财政部国家税务总局关于全面推开营业税改征增值税试点的通知》（财税〔2016〕36号）附件一的规定，按照下列顺序确定销售额：①按照纳税人最近时期销售同类服务、无形资产或者不动产的平均价格确定；②按照其他纳税人最近时期销售同类服务、无形资产或者不动产的平均价格确定；③按照组成计税价格确定。

债务人以长期股权投资清偿债务，并不涉及增值税问题。因为股权转让不属于增值税征收范围。

债务人以投资性房地产清偿债务，在税法上作为转让房地产处理（体现在"固定资产——建筑物""无形资产——土地使用权"中），会涉及增值税、土地增值税、印花税和企业所得税问题。

（2）企业所得税

债务人以非金融资产清偿债务的企业所得税处理也需要考虑是适用一般性税务处理还是特殊性税务处理。根据前文的分析，判断标准主要是（财税〔2009〕59号）三条：第（1）条，具有合理的商业目的，且不以减少、免除或者推迟缴纳税款为主要目的；第（3）条，债务重组后连续12个月内不改变重组资产原来的实质性经营活动；第（5）条，企业重组中取得股权支付的原主要股东，在重组后连续12个月内，不得转让所取得的股权。如果债权人受让的非金融资产是长期股权投资，则第（1）、（5）条需要同时满足；反之，如果债权人受让的是其他非金融资产，则需要同时满足第（1）、（3）条。

根据上述标准，若适用一般性税务处理，则债务人按以下规定处理（财税〔2009〕59号）：

①以非货币资产清偿债务，应当分解为转让相关非货币性资产、按非货币性资产公允价值清偿债务两项业务，确认相关资产的所得或损失；

②债务人应当按照支付的债务清偿额低于债务计税基础的差额，确认

债务重组所得；

③债务人的相关所得税纳税事项原则上保持不变。

具体而言：

①以存货清偿债务，存货的转让所得为存货的公允价值减去存货的计税基础，债务重组所得为原债务的计税基础减去存货的公允价值；

②以长期股权投资清偿债务，长期股权投资的转让所得为长期股权投资的公允价值减去长期股权投资的计税基础，债务重组所得为原债务的计税基础减去长期股权投资的公允价值；

③以投资性房地产清偿债务，在税法中体现为固定资产或无形资产（土地使用权）清偿债务，房地产的转让所得为房地产的公允价值减去房地产的计税基础，债务重组所得为原债务的计税基础减去房地产的公允价值；

④以固定资产、无形资产和生物资产清偿债务，三类非金融资产的转让所得为三类资产的公允价值减去各自的计税基础，债务重组所得为原债务的计税基础减去三类资产的公允价值。

📢 特别提示

以非金融资产清偿债务，债务人的一般性税务处理，坚持的是"分离交易"的思想：假定债务人将自己的非金融资产处置，收到一笔钱，确认转让非金融资产的所得或损失；再用这笔钱去清偿债务，债务人按应当支付的非金融资产清偿额减去债务的计税基础，确认债务重组所得。

若适用特殊性税务处理，则债务人按以下规定处理：企业债务重组确认的应纳税所得额占该企业当年应纳税所得额50%以上，可以在5个纳税年度的期间内，均匀计入各年度的应纳税所得额。

（3）印花税

债务人以非金融资产清偿债务，若该非金融资产属于长期股权投资

（即对被投资单位具有重大影响、共同控制和控制的情形），根据《中华人民共和国印花税法》第五条规定，债务重组双方需要按"产权转让书据——股权转让书据"税目缴纳印花税，应纳税额为股权转让书据所列金额的 0.5‰。

若该非金融资产属于房地产（可能在投资性房地产、固定资产和无形资产核算），根据《中华人民共和国印花税法》第五条规定，债务重组双方需要按"产权转让书据"（土地使用权、房屋等建筑物和构筑物所有权转让书据）税目缴纳印花税，应纳税额为股权转让书据所列金额的 0.5‰。

（4）其他税收

债务人以非金融资产清偿债务，若该资产属于房地产，因为涉及产权过户，所以该转让行为还会涉及土地增值税。

【要点总结】

以资产清偿债务方式进行债务重组的处理规则要点。

（1）债权人

①债权人受让单项或多项金融资产的，初始确认时应当以其公允价值计量；金融资产确认金额与债权终止确认日账面价值之间的差额，记入"投资收益"科目。

②债权人受让非金融资产的，初始确认时应当以放弃债权的公允价值，以及使该资产达到当前位置和状态所发生的税费为基础确认；放弃债权的公允价值与账面价值之间的差额，记入"投资收益"科目。

③债权人受让包括金融资产、非金融资产在内的多项资产的，先按照公允价值确认受让的金融资产；再按照受让的金融资产以外的各项资产在债务重组合同生效日的公允价值比例，对放弃债权在合同生效日的公允价值扣除受让金融资产当日公允价值后的净额进行分配，并以此为基础分别确定各项资产的成本。放弃债权的公允价值与账面价值之间的差额，记入"投资收益"科目。

（2）债务人

①债务人以单项或多项金融资产清偿债务的，债务的账面价值与偿债

金融资产账面价值的差额，记入"投资收益"科目。

②债务人以单项或多项非金融资产清偿债务，或者以包含金融资产和非金融资产在内的多项资产清偿债务的，<u>不需要区分</u>资产处置损益和债务重组损益，也不需要区分不同资产的处置损益，而将所清偿债务账面价值与转让资产账面价值之间的差额，记入"<u>其他收益</u>"科目。

【政策解读】

上市公司 2022 年年度财务报告会计监管报告：未恰当区分债务重组和预期信用损失。

监管部门审阅分析发现，部分上市公司最初给予客户三年分期付款安排，后期考虑约定收款期较长，与客户重新约定将分期付款方式调整为集中支付，同时给予一些利息减免。上市公司在商品控制权转移时，按照商品的现销价格确认应收账款和销售收入。双方协商更改付款方式后，上市公司错误地将客户支付款项与应收账款之间的差额确认为预期信用损失。债权人和债务人就清偿债务的时间、金额或方式等重新达成协议的交易，属于债务重组，上市公司应当就达成的利息减免确认债务重组损益。

债权人的会计处理	债务人的会计处理
借：银行存款 　未实现融资收益 　投资收益（倒挤，或贷记） 贷：长期应收账款	借：长期应付账款 　贷：未确认融资费用 　　银行存款 　　投资收益（倒挤，或借记）

二　债务人将债务转为权益工具

（一）会计处理

债务重组采用将债务转为权益工具方式进行的，债务人初始确认权益工具时，应当按照权益工具的公允价值计量，权益工具的公允价值不能可靠计量的，应当按照所清偿债务的公允价值计量。所清偿债务账面价值与权益工具确认金额之间的差额，记入"投资收益"科目。债务人因发行权益工具而支出的相关税费等，应当依次冲减资本溢价、盈余公积、未分配利润等。

> **📢 特别提示**
>
> 债务转为权益工具，债务人取得权益工具按 FV 计量（首选权益工具自己的 FV，若自己的 FV 不能可靠计量，按清偿债务的 FV 计量），清偿债务 BV－权益工具确认金额＝投资收益。权益工具的发行税费，依次冲减资本溢价、盈余公积和未分配利润。

上述会计处理可用会计分录表述如下：

借：应付账款（BV）

　　贷：实收资本/股本（享有的资本份额）

　　　　资本公积——资本溢价/股本溢价（权益工具确认金额-享有的资本份额）

　　　　银行存款（支付的相关税费）

　　　　投资收益（清偿债务 BV-权益工具确认金额）

（二）税务处理

1. 增值税

债务转为权益工具，对债务人而言，不涉及增值税问题。

2. 企业所得税

税法上的债务重组，债权人一定要作出让步。在适用一般性税务处理的情形下，对于债务人而言，清偿债务的账面价值与权益工具的公允价值之间的差额计入债务清偿所得。《关于企业重组业务企业所得税处理若干问题的通知》（财税〔2009〕59号）第四条规定，发生债权转股权的，应当分解为债务清偿和股权投资两项业务，确认有关债务清偿所得或损失。这是"分离交易"思想的体现：债务人拿了一笔钱去清偿债务，确认债务清偿所得；债权人拿到这笔钱又投资给债务人，确认债权损失。

在适用特殊性税务处理的情形下，《关于企业重组业务企业所得税处理若干问题的通知》（财税〔2009〕59号）第六条规定，企业发生债权转股权业务，对债务清偿和股权投资两项业务暂不确认有关债务清偿所得或损失，股权投资的计税基础以原债权的计税基础确定。企业的其他相关所得税事项保持不变。也就是说，对债务人而言，债务清偿所得＝清偿债务的计税基础－权益工具的计税基础＝清偿债务的计税基础（就是原债权的计税基础）－原债权的计税基础＝0。

3. 印花税

债务人将债务转为资本，会导致自身实收资本（股本）和资本公积增加，产生印花税问题。根据《中华人民共和国印花税法》第五条规定，应税营业账簿的计税依据，为账簿记载的实收资本（股本）、资本公积合计金额，应纳税额为实收资本（股本）、资本公积合计金额的0.25‰。

三　修改其他条款

（一）会计处理

债务重组采用修改其他条款方式进行的，如果修改其他条款导致债务终止确认，债务人应当按照公允价值计量重组债务，终止确认的债务账面价值与重组债务确认金额之间的差额，记入"投资收益"科目。

> 📢 **特别提示**
>
> 实质性修改其他条款，终止确认原债务，按 FV 计量重组债务，原债务 BV－重组债务 FV＝投资收益。

如果修改其他条款未导致债务终止确认，或者仅导致部分债务终止确认，对于未终止确认的部分债务，债务人应当根据其分类，继续以摊余成本、以公允价值计量且其变动计入当期损益或其他适当方法进行后续计量。对于以摊余成本计量的债务，债务人应当根据重新议定合同的现金流量变化情况，重新计算该重组债务的账面价值，并将相关利得或损失记入"投资收益"科目。重新计算的该重组债务的账面价值，应当根据将重新议定或修改的合同现金流量按债务的原实际利率或按《企业会计准则第 24 号——套期会计》第二十三条规定的重新计算的实际利率（如适用）折现的现值确定。对于修改或重新议定合同所产生的成本或费用，债务人应当调整修改后的重组债务的账面价值，并在修改后重组债务的剩余期限内摊销。

> 📢 **特别提示 1**
>
> 未实质性修改其他条款，未终止确认的债务，债务人根据其分类继续后续计量：摊余成本计量的，债务人根据合同现金流动变化重新计算

（按原实际利率折现）该重组债务的 BV，原债务 BV–重组账务 BV ＝投资收益。

特别提示 2

修改其他条款发生的成本或费用，调整重组债务的 BV，并在剩余期间摊销。

上述处理可归纳如表 4-2 所示。

表 4-2　修改其他条款债务人处理原则及方法

项目	原则	会计处理方法
债务人	如果对债务或部分债务的合同条款作出"实质性修改"形成重组债务，或者债权人与债务人之间签订协议，以承担"实质上不同"的重组债务方式替换债务，债务人应当终止确认原债务，同时按照修改后的条款确认一项新金融负债 （1）如何判断：如果重组债务未来现金流量（包括支付和收取的某些费用）现值与原债务的剩余期间现金流量现值之间的差异超过 10%，则意味着新的合同条款进行了"实质性修改" （2）计算公式：新债务未来现金流量现值＝剩余债务的本金×（1+新利率×n）／（1+原利率）^{n} 现金流变化＝[新债务未来现金流量现值 – 剩余债务的本金（即现值）]／剩余债务的本金（即现值） （3）折现率：原债务的实际利率 【提示】债务人判断实质性修改时，需要考虑"10%"这一标准，债权人则没有"10%"这一标准	（1）如果修改其他条款导致债务终止确认，债务人应当按照公允价值计量重组债务，终止确认的债务账面价值（原债）与重组债务确认金额（新债）之间的差额，记入"投资收益"。会计处理如下： 借：应付账款等（原债务 BV） 　贷：应付账款——重组债务等（重组债务 FV） 　　　投资收益（倒挤，或借记） （2）如果修改其他条款未导致债务终止确认，或仅部分债务终止确认，对于未终止确认的部分债务，债务人应当根据其分类，继续以摊余成本、以公允价值计量且其变动计入当期损益或其他适当方法进行后续计量。对于以摊余成本计量的债务，债务人应当根据重新议定合同的现金流量变化情况，重新计算该重组债务的账面价值，并将相关利得或损失记入"投资收益"科目。账务处理如下： 借：应付债券等（重新计算的账面余额与原账面余额的差额，或贷记） 　贷：投资收益（或借记）

（二）税务处理

修改其他条款并无增值税和印花税的问题，主要是企业所得税问题。对于实质性修改，在一般性税务处理情形下，税法认可债务人的会计处理规则；但是，在特殊性税务情形下，重组债权的计税基础以原债权的计税基础确定。

对于非实质性修改，税法不认可根据重新议定合同的现金流量变化来进行折现，并据此进行账务处理。重组债务的计税基础等于原债务的计税基础。

对于修改或重新议定合同所产生的成本或费用，会计上一般作为交易费用处理，计入重组债务的账面价值。但是，税法一般作为"管理费用"处理，准予当期在税前扣除。

四 组合方式

(一) 会计处理

债务重组采用以资产清偿债务、将债务转为权益工具、修改其他条款等方式的组合进行的，对于权益工具，债务人应当在初始确认时按照权益工具的公允价值计量，权益工具的公允价值不能可靠计量的，应当按照所清偿债务的公允价值计量。对于修改其他条款形成的重组债务，债务人应当参照上文"三 修改其他条款"的规则，确认和计量重组债务。所清偿债务的账面价值与转让资产的账面价值以及权益工具和重组债务的确认金额之和的差额，记入"其他收益——债务重组收益"或"投资收益"（仅涉及金融工具时）科目。

> 📢 **特别提示**
>
> 以组合方式进行债务重组的，债务人按前述单个规定确认和计量权益工具和重组债务，清偿债务 BV−转让资产 BV＝投资收益（仅限金融工具）/其他收益——债务重组收益（非金融资产），清偿债务 BV−权益工具 FV＝投资收益（权益工具）。

(二) 税务处理

组合方式下，在一般性税务处理情形下，债务人按单个重组方式逐项进行税务处理即可。在特殊性税务处理情形下，《关于企业重组业务企业所得税处理若干问题的通知》（财税〔2009〕59 号）第六条规定，企业债务重组确认的应纳税所得额占该企业当年应纳税所得额 50% 以上，可以在 5 个纳税年度的期间内，均匀计入各年度的应纳税所得额；企业发生债权转股权业务，对债务清偿和股权投资两项业务暂不确认有关债务清偿所得或损失，股权投资的计税基础以原债权的计税基础确定；企业的其他相关所得税事项保持不变。可见，组合方式下，债务人的债务重组确认的应纳税所得额需要整体计算，据此判断能否享受上述政策；对于将债务转为权益工具，债务人不确认债务清偿所得①。

> **📢 特别提示**
>
> 　　企业债务重组双方的企业所得税处理，要么都选择按一般性税务处理，要么都选择按特殊性税务处理，不允许一方按一般性税务处理、另一方按特殊性税务处理。

---

① 有实务界专家提出，此处是否也存在要分期确认所得的情形？本书认为，对于债务人将债务转为权益工具，在特殊性税务处理情形下，文件明确规定暂不确认债务清偿所得，因此不存在分期确认所得的情形。

第五章
债务重组的会计处理与税务处理案例

本章思维导图

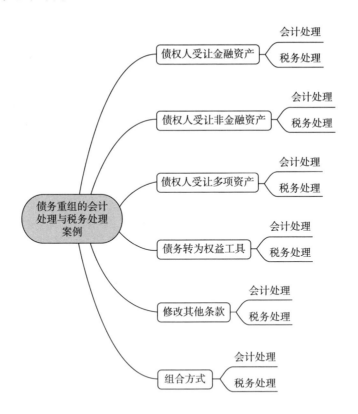

一　债权人受让金融资产

【例题 5-1】 2×24 年 6 月 6 日，甲公司向乙公司销售商品一批，应收乙公司款项的入账金额为 100 万元。甲公司将该应收款项分类为以摊余成本计量的金融资产。乙公司将该应付账款分类为以摊余成本计量的金融负债。2×24 年 8 月 8 日，双方签订债务重组合同，乙公司以一项作为交易性金融资产核算的股权工具偿还该欠款。当日，该交易性金融资产的账面价值 90 万元（其中成本 80 万元，公允价值变动 10 万元），公允价值为 80 万元，双方办理完成股权转让手续。甲公司为取得该股权投资支付交易费用 4 万元，取得后仍作为交易性金融资产核算。当日甲公司应收款项已计提坏账准备 10 万元，乙公司应付款项的账面价值仍为 100 万元。假设不考虑相关税费。

要求：分析 2×24 年 8 月 8 日债务重组双方的会计处理和税务处理。

（一）会计处理

1. 债权人的会计处理

借：交易性金融资产　　　　　　　　　　　　　　　　　　80

　　坏账准备　　　　　　　　　　　　　　　　　　　　　10

　　投资收益　14（金融资产确认金额 80-债权 BV90-交易费用 4）

　　贷：应收账款　　　　　　　　　　　　　　　　　　　100

　　　　银行存款　　　　　　　　　　　　　　　　　　　　4

2. 债务人的会计处理

借：应付账款　　　　　　　　　　　　　　　　　　　　100

　　贷：交易性金融资产　　　　　　　　　　　　　　　　90

　　　　投资收益　　10（清偿债务 BV100-交易性金融资产 BV90）

（二）税务处理

本例中，债务重组中的债权人已经作出让步，符合税法中的债务重组概念。

1. 债权人的税务处理

（1）增值税

如果该项交易性金融资产属于《财政部　国家税务总局关于全面推开营业税改征增值税试点的通知》（财税〔2016〕36号）附件2《营业税改征增值税试点有关事项的规定》中"金融商品转让"的范畴，那么债务人在转让时需要按规定缴纳增值税，但金融商品转让不得开具增值税专用发票。因此，本例中债权人甲公司不涉及增值税处理。

（2）企业所得税

①根据《中华人民共和国企业所得税法实施条例》（以下简称《实施条例》）第五十五条规定，除财政部和国家税务总局核准计提的准备金可以税前扣除外，其他行业、企业计提的各项资产减值准备、风险准备等准备金均不得税前扣除。本例中，甲公司重组前针对该应收账款计提的减值准备不得扣除。

②根据《实施条例》第七十一条规定，通过支付现金以外的方式取得的投资资产，以该资产的公允价值和支付的相关税费为成本。本例中，取得以公允价值计量且其变动计入当期损益的金融资产时，会计与税法的差异体现在交易费用的处理上。会计处理时，取得交易性金融资产的交易费用计入当期损益（投资收益）；而在税务处理上，交易费用计入投资资产的计税基础。所以，此处的交易费用4万元应当计入资产计税基础，该项交易性金融资产的计税基础为84万元。

③根据《企业资产损失所得税税前扣除管理办法》（国家税务总局公告2011年第25号）第三条规定，准予在企业所得税税前扣除的资产损失，是指企业在实际处置、转让上述资产过程中发生的合理损失（实际资产损失），以及企业虽未实际处置、转让上述资产，但符合《财政部　国家税务总局关于企业资产损失税前扣除政策的通知》和本办法规定条件计算确认的损失（法定资产损失）。本例中，甲公司税务上认可的资产损失为100-84＝16万元，而会计上确认的该部分损失为14万元，应纳税调减2万元。值得注意的是，甲公司应按照《企业资产损失所得税税前扣除管理

办法》（国家税务总局公告 2011 年第 25 号）第二十二条的规定，依据债务重组协议及其债务人重组收益纳税情况说明确认资产损失。

2. 债务人的税务处理

（1）增值税

根据《财政部　国家税务总局关于全面推开营业税改征增值税试点的通知》（财税〔2016〕36 号）附件《销售服务、无形资产、不动产注释》规定，金融商品转让，是指转让外汇、有价证券、非货物期货和其他金融商品所有权的业务活动。其他金融商品转让包括基金、信托、理财产品等各类资产管理产品和各种金融衍生品的转让。财税〔2016〕36 号文附件 2《营业税改征增值税试点有关事项的规定》第一条第三款规定，金融商品转让，按照卖出价扣除买入价后的余额为销售额。

本例中，债务人乙公司用交易性金融资产偿还债务，如果该项交易性金融资产属于《财政部　国家税务总局关于全面推开营业税改征增值税试点的通知》（财税〔2016〕36 号）附件 2《营业税改征增值税试点有关事项的规定》中"金融商品转让"的范畴（如股票、债券等），那么乙公司在转让时，应按照 6% 的税率申报缴纳增值税 0〔（卖出价 80-买入价 80）×6%/（1+6%）〕万元，值得注意的是，金融商品转让不得开具增值税专用发票。本例中乙公司无须缴纳增值税。

（2）企业所得税

①资产持有期间公允价值变动调整

《实施条例》第五十六条规定，企业的各项资产，包括固定资产、生物资产、无形资产、长期待摊费用、投资资产、存货等，以历史成本为计税基础。前款所称历史成本，是指企业取得该项资产时实际发生的支出；第七十一条规定，企业在转让或者处置投资资产时，投资资产的成本，准予扣除。本例中，乙公司交易性金融资产在持有时确认的公允价值变动损益税法不予认可，需要调减应纳税所得额 10 万元。

②债务重组收益

a. 一般性税务处理

根据《国家税务总局关于企业取得财产转让等所得企业所得税处理问题的公告》（国家税务总局公告 2010 年第 19 号）规定，企业取得财产（包括各类资产、股权、债权等）转让收入、债务重组收入、接受捐赠收入、无法偿付的应付款收入等，不论是以货币形式还是非货币形式体现，除另有规定外，均应一次性计入确认收入的年度计算缴纳企业所得税。根据《国家税务总局关于贯彻落实企业所得税法若干税收问题的通知》（国税函〔2010〕79 号）规定，企业发生债务重组，应在债务重组合同或协议生效时确认收入的实现。根据《财政部　国家税务总局关于企业重组业务企业所得税处理若干问题的通知》（财税〔2009〕59 号）规定，除符合规定适用特殊性税务处理规定的外，企业债务重组，相关交易应按以下规定处理：以非货币资产清偿债务，应当分解为转让相关非货币性资产、按非货币性资产公允价值清偿债务两项业务，确认相关资产的所得或损失。债务人应当按照支付的债务清偿额低于债务计税基础的差额，确认债务重组所得。

本例中，会计处理上债务人乙公司以非现金资产偿债已经不再区分债务重组损益和资产处置损益，而是合并计入"投资收益"。但税法上仍需作出区分，债务人乙公司以交易性金融资产抵偿债务，应确认资产转让所得=转让收入 80 万元-计税基础 80 万元（假定计税基础与取得成本相等）=0 万元；同时应在债务重组合同或协议生效时一次性确认债务重组所得=债务的计税基础 100 万元-债务清偿金额 80 万元=20 万元。即税法上认可的债务重组所得是 20 万元，而不是 10 万元，应在会计的基础上调增应纳税所得额 10 万元。

b. 特殊性税务处理

若本例符合特殊性税务处理的规定，则可以按以下规定进行税务处理：企业债务重组确认的应纳税所得额占该企业当年应纳税所得额 50% 以上，可以在 5 个纳税年度的期间内，均匀计入各年度的应纳税所得额。值得注意的是，"企业债务重组确认的应纳税所得额"指的是税法上认可的债务重组所得，即债务人按照支付的债务清偿额低于债务计税基础的差额，这不包含非货币资产清偿债务的资产转让所得或损失①。也就是说，在用非货币资产偿债方式的债务重组中，只有债权人让步的那部分债务金额确认的债务重组所得，才可以享受递延5年纳税的优惠待遇。

本例中，若债务人乙公司确认的应纳税所得额20万元占乙公司当年应纳税所得额的比例大于等于50%，则可以享受在5个纳税年度内，将20万元均匀计入各年的应纳税所得额，即每年计入4万元（20万元/5年）。

（3）印花税

《中华人民共和国印花税法》第三条规定，证券交易是指转让在依法设立的证券交易所、国务院批准的其他全国性证券交易场所交易的股票和以股票为基础的存托凭证。证券交易印花税对证券交易的出让方征收，不对受让方征收；第五条规定，证券交易的计税依据为成交金额。

本例中，对于出让方（乙公司）的交易性金融资产，如果属于股票或以股票为基础的存托凭证，则需要缴纳印花税，税率为成交金额的千分之一。值得注意的是，自2023年8月28日起，证券交易印花税减半征收，即债务人乙公司需要缴纳印花税400元（80万元×0.1%×50%）。

---

① 这一点也呼应了如下的规定：企业发生财税〔2009〕59号文件第六条第（一）项规定的债务重组，应准确记录应予确认的债务重组所得，并在相应年度的企业所得税汇算清缴时对当年确认额及分年结转额的情况作出说明。主管税务机关应建立台账，对企业每年申报的债务重组所得与台账进行比对分析，加强后续管理（国家税务总局公告2015年第48号第八条）。

二　债权人受让非金融资产

【例题 5-2】　甲公司和乙公司均为增值税一般纳税人。2×24 年 3 月 18 日，甲公司向乙公司销售商品一批，应收乙公司款项的入账金额为 3 660 万元。甲公司将该应收款项分类为以摊余成本计量的金融资产。乙公司将该应付账款分类为以摊余成本计量的金融负债。4 月 18 日，甲公司应收乙公司账款 3 660 万元已逾期，经协商决定进行债务重组。乙公司以一项固定资产（设备）抵偿上述债务，该项设备的原价为 2 850 万元，已计提折旧 50 万元。

5 月 18 日，双方办理完成该资产转让手续，甲公司该项应收账款在当日的含税公允价值为 3 390 万元。甲公司已对该债权计提坏账准备 20 万元。甲公司为取得固定资产支付运杂费 6 万元。乙公司开出增值税专用发票，增值税税额为 390 万元。

要求：分析 2×24 年 5 月 18 日债务重组双方的会计处理和税务处理。

（一）　会计处理

1. 债权人的会计处理

债权人甲公司：

借：固定资产（3 000+6）	3 006
应交税费——应交增值税（进项税额）	390
坏账准备	20
投资收益	250
贷：应收账款	3 660
银行存款	6

2. 债务人的会计处理

债务人乙公司：

借：固定资产清理	2 800

累计折旧	50
贷：固定资产	2 850
借：应付账款	3 660
贷：固定资产清理	2 800
应交税费——应交增值税（销项税额）	390
其他收益——债务重组收益	470

（二）税务处理

本例中，债权人甲公司应收债务人乙公司款项金额为 3 660 万元，债务人乙公司用于偿债固定资产的含税公允价值为 3 390 万元，债权人甲公司作出了让步，符合税法中债务重组的概念。

1. 债权人的税务处理

（1）增值税

根据《财政部　国家税务总局关于企业重组业务企业所得税处理若干问题的通知》（财税〔2009〕59 号）关于债务重组企业所得税的处理，以非货币资产清偿债务，应当分解为转让相关非货币性资产、按非货币性资产公允价值清偿债务两项业务，确认相关资产的所得或损失；债务人应当按照支付的债务清偿额低于债务计税基础的差额，确认债务重组所得；债权人应当按照收到的债务清偿额低于债权计税基础的差额，确认债务重组损失。因此，对债权人甲公司，对该项设备的处理应以公允价值作为资产购入处理，以不含税价格（不允许抵扣的项目除外）作为资产的账面价值，其法定抵扣凭证上注明或依据其计算的进项税额可以抵扣当期的销项税额。可抵扣增值税进项税额为 390（3 000×13%）万元。

作为一般纳税人的债权人甲公司受让乙公司的固定资产，取得增值税专用发票，除用于不得抵扣的情形（如将取得的资产用于简易计税方法计税项目、免征增值税项目、集体福利或者个人消费等）之外，通常是可以抵扣的。本例中，甲公司取得的增值税专用发票税额 390 万元，除用于不得抵扣的情形之外，是可以进项抵扣的。

（2）企业所得税

本例中，甲公司针对该应收账款计提的坏账准备不得税前扣除，需要在计提坏账准备的当年作纳税调增处理。甲公司税务上确认债务重组损失＝债权计税基础 3 660－债务清偿额 3 390＝270（万元），同重组时会计上确认的损益 250 万元存在差异，需纳税调减 20（270-250）万元。

（3）印花税

债务重组过程中用设备抵债，是否属于《印花税税目税率表》中的"买卖合同"税目呢？根据该表可知，合同是指书面合同，即买卖合同要是书面的买卖合同，且仅指动产买卖合同（不包括个人书立的动产买卖合同）。根据《财政部　税务总局关于印花税若干事项政策执行口径的公告》（财政部　税务总局公告 2022 年第 22 号）第二条第二款规定，企业之间书立的确定买卖关系、明确买卖双方权利义务的订单、要货单等单据，且未另外书立买卖合同的，应当按规定缴纳印花税。《民法典》第五百九十五条规定，买卖合同是出卖人转移标的物的所有权于买受人，买受人支付价款的合同；第五百九十六条规定，买卖合同的内容一般包括标的物的名称、数量、质量、价款、履行期限、履行地点和方式、包装方式、检验标准和方法、结算方式、合同使用的文字及其效力等条款。根据上述规定可知，《印花税法》中"买卖合同"的界定应与《民法典》中"买卖合同"的内涵保持一致，即便合同名称没有标注"买卖合同"，只要合同条款中涉及《民法典》中买卖合同的相关条款，就应该被认定为买卖合同。本例中，债务人乙公司用设备（动产）抵债，符合买卖合同的要义，双方需要交印花税。根据《印花税法》第五条第一款规定，应税合同的计税依据，为合同所列的金额，不包括列明的增值税税款。本例中，印花税的计税依据为合同所列金额：若债务重组合同仅列明设备抵债金额 3 660 万元（未列明增值税税款），则计税依据为 3 660 万元；若债务重组合同中既列明设备的公允价值又列明抵债金额，建议以设备的公允价值作为计税依据。债权人甲公司印花税应纳税额＝3 660 万元×0.3‰＝10 980 元。

2. 债务人的税务处理

（1）增值税

债务人转让该设备如果是属于《增值税暂行条例》第十条规定不得抵扣且未抵扣进项税额的固定资产，按照简易办法依照 3% 征收率减按 2% 征收增值税。债务人转让该设备如果是抵扣过进项税额的固定资产，则正常计算增值税，开具增值税专用发票，债权人也可以抵扣进项税。本例中，债务人乙公司转让的设备是之前抵扣过进项税，因此应计算销项税额 390（3 000×13%）万元。

（2）企业所得税

①一般性税务处理

根据《国家税务总局关于企业取得财产转让等所得企业所得税处理问题的公告》（国家税务总局公告 2010 年第 19 号）规定，企业取得财产（包括各类资产、股权、债权等）转让收入、债务重组收入、接受捐赠收入、无法偿付的应付款收入等，不论是以货币形式还是非货币形式体现，除另有规定外，均应一次性计入确认收入的年度计算缴纳企业所得税。根据《国家税务总局关于贯彻落实企业所得税法若干税收问题的通知》（国税函〔2010〕79 号）规定，企业发生债务重组，应在债务重组合同或协议生效时确认收入的实现。根据《财政部 国家税务总局关于企业重组业务企业所得税处理若干问题的通知》（财税〔2009〕59 号）规定，除符合规定适用特殊性税务处理规定的外，企业债务重组，相关交易应按以下规定处理：以非货币资产清偿债务，应当分解为转让相关非货币性资产、按非货币性资产公允价值清偿债务两项业务，确认相关资产的所得或损失。债务人应当按照支付的债务清偿额低于债务计税基础的差额，确认债务重组所得。

本例中，会计处理上债务人以非现金资产偿债已经不再区分债务重组损益和资产处置损益，而是合并作为债务重组收益 470 万元来反映。但税法上仍需作出区分，根据上述税务处理规定，债务人乙公司以固定资产抵偿债务，应确认资产转让所得 = 3 390 ÷ （1+13%）[①] − （2 850−50） = 200 （万元）；同时应在债务重组合同或协议生效时一次性确认债务重组收益 = 3 660−3 390 = 270 （万元），即税法上认可的债务重组收益是 270 万元，而不是 470 万元。

②特殊性税务处理

对符合财税〔2009〕59 号文件规定的五个条件的债务重组业务，可以按以下规定进行特殊性税务处理：企业债务重组确认的应纳税所得额占该企业当年应纳税所得额 50%以上，可以在 5 个纳税年度的期间内，均匀计入各年度的应纳税所得额。值得注意的是，"企业债务重组确认的应纳税所得额"指的是税法上认可的债务重组所得，即债务人支付的债务清偿额低于债务计税基础的差额，这不包含非货币资产清偿债务的资产转让所得或损失。也就是说，在非货币资产偿债的债务重组中，只有债权人债务让步那部分确认的债务重组所得可以享受递延 5 年纳税的优惠待遇。本例中，如果符合特殊性税务处理规定，债务人乙公司可以享受递延 5 年纳税待遇的金额为 270 万元。

（3） 城市维护建设税、教育费附加和地方教育附加

城市维护建设税、教育费附加和地方教育附加的计税基础为纳税人实际缴纳的增值税、消费税税额。本例中，固定资产转让需要缴纳增值税，同时也需要缴纳城市维护建设税 （城市：7%，县城、镇：5%；其他：1%）、教育费附加 （3%） 和地方教育附加 （2%）。

（4） 印花税

本例中，债务人乙公司用设备 （动产） 抵债，符合买卖合同的要义，双方需要交印花税。根据《印花税法》第五条第一款的规定，应税合同的计税依据为合同所列的金额，不包括列明的增值税税款。本例中，印花税的计税依据为合同所列金额：若债务重组合同仅列明设备抵债金额 3 660 万元 （未列明增值税税款），则计税依据为 3 660 万元；若债务重组合同中既列明设备的公允价值又列明抵债金额，建议以设备的公允价值作为计税依据。债务人乙公司印花税应纳税额 = 3 660 万元×0.3‰ = 10 980 元。

---

① 假设该固定资产属于已经抵扣过进项税的固定资产。反之，此处为 3 390 ÷ （1+3%）。

【例5-3】 2×24年6月18日，甲公司向乙公司销售商品一批，应收乙公司款项的入账金额为95万元。甲公司将该应收款项分类为以摊余成本计量的金融资产。乙公司将该应付账款分类为以摊余成本计量的金融负债。2×24年10月18日，双方签订债务重组合同，乙公司以一项作为无形资产核算的非专利技术偿还该欠款。该无形资产的账面余额为100万元，累计摊销额为10万元，已计提减值准备2万元。10月22日，双方办理完成该无形资产转让手续，甲公司支付评估费用4万元。当日，甲公司应收款项的公允价值为87万元，已计提坏账准备7万元，乙公司应付款项的账面价值仍为95万元。假设不考虑相关税费。

（一）会计处理

1. 债权人的会计处理

2×24年10月22日，债权人甲公司取得该无形资产的成本为债权公允价值（87万元）与评估费用（4万元）的合计（91万元）。

甲公司10月22日的账务处理如下：

借：无形资产		91
坏账准备		7
投资收益		1
贷：应收账款		95
银行存款		4

2. 债务人的会计处理

乙公司10月22日的账务处理如下：

借：应付账款		95
累计摊销		10
无形资产减值准备		2
贷：无形资产		100
其他收益——债务重组收益		7

承【例5-3】，假设甲公司管理层决议，受让该非专利技术后将在半

年内将其出售，当日无形资产的公允价值为 87 万元，预计未来出售该非专利技术时将发生 1 万元的出售费用，该非专利技术满足持有待售资产确认条件。

本例中，10 月 22 日，甲公司对该非专利技术进行初始确认时，按照无形资产入账（91 万元）与公允价值减出售费用（87-1＝86 万元）孰低计量。

债权人甲公司的账务处理如下：

借：持有待售资产——无形资产　　　　　　　　　86
　　坏账准备　　　　　　　　　　　　　　　　　7
　　资产减值损失　　　　　　　　　　　　　　　6
　贷：应收账款　　　　　　　　　　　　　　　　95
　　　银行存款　　　　　　　　　　　　　　　　4

（二）税务处理

本例中，债权人甲公司应收债务人乙公司款项金额为 95 万元，假定债务人乙公司用于偿债的无形资产的公允价值为 87 万元，债权人甲公司作出了让步，符合税法中债务重组的概念。

1. 债权人的税务处理

（1）增值税

根据《财政部　国家税务总局关于企业重组业务企业所得税处理若干问题的通知》（财税〔2009〕59 号）关于债务重组企业所得税的处理，以非货币资产清偿债务，应当分解为转让相关非货币性资产、按非货币性资产公允价值清偿债务两项业务，确认相关资产的所得或损失；债务人应当按照支付的债务清偿额低于债务计税基础的差额，确认债务重组所得；债权人应当按照收到的债务清偿额低于债权计税基础的差额，确认债务重组损失。本例中，债权人甲公司对该项无形资产的处理应以放弃债权的公允价值（87 万元）和评估费用（4 万元）的合计（91 万元）作为购入无形资产的计税基础，其取得的增值税专用发票可以抵扣当期的销项税额。可抵扣增值税进项税额为 5.22 万元（87 万元×6%）。若债权人甲公司从债务人处取得的是增值税普通发票，则不能抵扣。

如果考虑增值税的影响，假设债权人甲公司为一般纳税人且从债务人乙公司取得增值税专用发票，则本例中债权人和债务人的相关会计处理如下：

债权人甲公司的账务处理如下：

借：无形资产　　　　　　　　　　　　　　　　　　　　91

　　应交税费——应交增值税（进项税额）　　　　　　5.22

　　坏账准备　　　　　　　　　　　　　　　　　　　　7

　贷：应收账款　　　　　　　　　　　　　　　　　　95

　　　银行存款　　　　　　　　　　　　　　　　　　4

　　　投资收益　　　　　　　　　　　　　　　　　　4.22

若甲公司将该非专利技术作为持有待售资产处理，则考虑增值税后的账务处理如下：

借：持有待售资产——无形资产　　　　　　　　　　　86

　　应交税费——应交增值税（进项税额）　　　　　　5.22

　　坏账准备　　　　　　　　　　　　　　　　　　　　7

　　资产减值损失　　　　　　　　　　0.78（6-5.22）

　贷：应收账款　　　　　　　　　　　　　　　　　　95

　　　银行存款　　　　　　　　　　　　　　　　　　4

（2）企业所得税

本例中，债权人甲公司针对该应收账款计提的减值准备，需要在计提坏账准备的当年作纳税调增处理。

《中华人民共和国企业所得税法实施条例》第六十六条规定，通过捐赠、投资、非货币性资产交换、债务重组等方式取得的无形资产，以该资产的公允价值和支付的相关税费为计税基础。本例中，债权人甲公司取得的偿债无形资产的计税基础为该资产的公允价值87万元和支付的相关税费4万元的合计，即91万元。尽管与会计的处理结果一致，但理念上还是存在差异。

本例中，债权人甲公司税务上应确认的债务重组损失＝债权计税基础－债务清偿额＝95－87＝8（万元），同重组时会计上确认的收益 4.22 万元存在差异，需进行纳税调减 12.22 万元（4.22 万元＋8 万元）。若债权人甲公司将取得的无形资产确认为持有待售资产，会计上确认的损失为 0.78 万元，需在会计利润的基础上调减 7.22 万元（8 万元－0.78 万元）。

（3）印花税

债务重组过程中用非专利技术抵债，是否属于《印花税税目税率表》中的"技术合同"税目呢？《民法典》第八百四十三条规定，技术合同是当事人就技术开发、转让、许可、咨询或者服务订立的确立相互之间权利和义务的合同；第八百四十六条规定，技术合同价款、报酬或者使用费的支付方式由当事人约定，可以采取一次总算、一次总付或者一次总算、分期支付的方式，也可以采取提成支付或者提成支付附加预付入门费的方式。约定提成支付的，可以按照产品价格、实施专利和使用技术秘密后新增的产值、利润或者产品销售额的一定比例提成，也可以按照约定的其他方式计算。提成支付的比例可以采取固定比例、逐年递增比例或者逐年递减比例。约定提成支付的，当事人可以约定查阅有关会计账目的办法。

《国家税务局关于对技术合同征收印花税问题的通知》（国税地字〔1989〕34 号）第一条规定，非专利技术转让所书立的合同，适用"技术合同"税目；对各类技术合同，应当按合同所载价款、报酬、使用费的金额依 0.3‰的税率计税。本例中，若债务重组合同中规定非专利技术作价 87 万元（不含税），则应交印花税＝87 万元×0.3‰＝261 元。

2. 债务人的税务处理

（1）增值税

债务人转让该技术应按"销售无形资产"申报增值税销项税额 5.22 万元（87 万元×6%），并向债权人开具税率为 6%的增值税专用发票，债权人取得发票后可按发票注明的进项税额抵扣当期的销项税额。如果债务人转让技术符合财税〔2016〕36 号文附件三第一条第二十六项规定的免税情形，即纳税人提供技术转让、技术开发和与之相关的技术咨询、技术服务免征增值税，那么债务人不得开具增值税专用发票。值得注意的是，本例中，债务人乙公司如需申请免征增值税，须持技术转让、开发的书面合同，到纳税人所在地省级科技主管部门进行认定，并持有关的书面合同和科技主管部门审核意见证明文件报主管税务机关备查。

（2）企业所得税

①无形资产减值部分

根据《中华人民共和国企业所得税法实施条例》第五十五条规定，除财政部和国家税务总局核准计提的准备金可以税前扣除外，其他行业、企业计提的各项资产减值准备、风险准备等准备金均不得税前扣除。

本例中，乙公司针对该无形资产计提的减值准备在计提当年不得税前扣除，乙公司应当在计提当年的企业所得税前纳税调增 2 万元。

②债务重组收益

a. 一般性税务处理

根据《财政部　国家税务总局关于企业重组业务企业所得税处理若干问题的通知》（财税〔2009〕59 号）规定，除符合规定适用特殊性税务处理规定的外，企业债务重组，相关交易应按以下规定处理：以非货币资产清偿债务，应当分解为转让相关非货币性资产、按非货币性资产公允价值清偿债务两项业务，确认相关资产的所得或损失。债务人应当按照支付的债务清偿额低于债务计税基础的差额，确认债务重组所得。

本例中，会计处理上债务人以非现金资产偿债已经不再区分债务重组损益和资产处置损益，而是合并作为债务重组收益 1.78 万元来反映。但税法上仍需作出区分，债务人乙公司以无形资产抵偿债务，应确认资产转让所得 87 万 -（100 万 -10 万）= -3 万元，即资产转让损失 3 万元；同时应在债务重组合同或协议生效时一次性确认债务重组收益 95 万 -（87×1.06）万 = 2.78 万元。即税法上认可的债务重组收益是 2.78 万元。

b. 特殊性税务处理

财税〔2009〕59 号第六条规定，企业债务重组确认的应纳税所得额占该企业当年应纳税所得额 50% 以上，可以在 5 个纳税年度的期间内，均匀计入各年度的应纳税所得额。本例中，如果符合特殊性税务处理规定，债务人乙公司可以享受递延 5 年纳税待遇的金额为 2.78 万元，即每年可以计入应纳税所得额的金额为 0.556（2.78÷5）万元。

> **📢 特别提示**
>
> 　　符合条件的技术转让所得免征、减征企业所得税。《实施条例》第九十条规定，符合条件的技术转让所得免征、减征企业所得税，是指一个纳税年度内，居民企业技术转让所得不超过 500 万元的部分，免征企业所得税；超过 500 万元的部分，减半征收企业所得税。

　　值得注意的是，《国家税务总局关于技术转让所得减免企业所得税有关问题的通知》（国税函〔2009〕212 号）第一条规定，根据企业所得税法第二十七条第（四）项规定，享受减免企业所得税优惠的技术转让应符合以下条件：享受优惠的技术转让主体是企业所得税法规定的居民企业；技术转让属于财政部、国家税务总局规定的范围；境内技术转让经省级以上科技部门认定；向境外转让技术经省级以上商务部门认定；国务院税务主管部门规定的其他条件。

　　第二条规定，符合条件的技术转让所得应按以下方法计算：技术转让所得＝技术转让收入－技术转让成本－相关税费。技术转让收入是指当事人履行技术转让合同后获得的价款，不包括销售或转让设备、仪器、零部件、原材料等非技术性收入。不属于与技术转让项目密不可分的技术咨询、技术服务、技术培训等收入，不得计入技术转让收入。技术转让成本是指转让的无形资产的净值，即该无形资产的计税基础减去在资产使用期间按照规定计算的摊销扣除额后的余额。相关税费是指技术转让过程中实际发生的有关税费，包括除企业所得税和允许抵扣的增值税以外的各项税金及其附加、合同签订费用、律师费等相关费用及其他支出。

　　第三条规定，享受技术转让所得减免企业所得税优惠的企业，应单独计算技术转让所得，并合理分摊企业的期间费用；没有单独计算的，不得享受技术转让所得企业所得税优惠。

根据《企业所得税法实施条例》的规定，符合条件的技术转让所得免征、减征企业所得税，是指一个纳税年度内，居民企业技术转让所得不超过 500 万元的部分免征企业所得税；超过 500 万元的部分减半征收企业所得税。债务重组中债务人以技术抵偿债务如符合上述规定，可以享受免征、减征企业所得税的优惠政策。

（3）城市维护建设税、教育费附加和地方教育附加

城市维护建设税、教育费附加和地方教育附加的计税依据为纳税人实际缴纳的增值税、消费税税额。本例中，乙公司转让无形资产需要缴纳增值税，同时也需要缴纳城市维护建设税（城市：7%，县城、镇：5%；其他：1%）、教育费附加（3%）和地方教育附加（2%）。如果乙公司转让无形资产属于税法规定的免征增值税情形，那么不涉及缴纳城市维护建设税、教育费附加和地方教育附加的问题。

（4）印花税

本例中，债务人乙公司用非专利技术抵债，符合技术合同的要义，双方需要交印花税。根据《印花税法》第五条第一款的规定，应税合同的计税依据为合同所列的金额，不包括列明的增值税税款。《国家税务局关于对技术合同征收印花税问题的通知》（国税地字〔1989〕34 号）第一条规定，非专利技术转让所书立的合同，适用"技术合同"税目；对各类技术合同，应当按合同所载价款、报酬、使用费的金额依 0.3‰ 的税率计税。本例中，若债务重组合同中规定非专利技术作价 87 万元（不含税），则应交印花税 = 87 万元 × 0.3‰ = 261 元。

三　债权人受让多项资产

【例题 5-4】　2×24 年 3 月 18 日，甲公司向乙公司销售商品一批，应收乙公司款项的入账金额为 3 660 万元。甲公司将该应收款项分类为以摊余成本计量的金融资产。乙公司将该应付账款分类为以摊余成本计量的金融负债。9 月 18 日，甲公司应收乙公司账款 3 660 万元已逾期，经协商决定进行债务重组，合同生效日（9 月 18 日）乙公司抵偿资料如下：

（1）以一项交易性金融资产（股票）抵偿上述部分债务，该项股权投资的成本为 1 000 万元，已确认公允价值变动收益 200 万元，当日公允价值（不含增值税，下同）为 1 390 万元。

（2）以一项固定资产（设备）抵偿上述部分债务，该项设备的原价为 650 万元，已计提折旧 50 万元，当日公允价值为 700 万元。

（3）以一项库存商品抵偿上述部分债务，该存货的成本为 1 200 万元，当日公允价值为 1 300 万元。

甲公司该项应收账款在 9 月 18 日的公允价值为 3 390 万元。甲公司已对该债权计提坏账准备 20 万元。

2×24 年 10 月 18 日，双方办理完成抵债资产转让手续，甲公司将该股权投资分类为交易性金融资产，当日该股权的公允价值为 1 400 万元。

要求：计算合同生效日 2×24 年 9 月 18 日债权人甲公司固定资产的成本和库存商品的成本；分析 2×24 年 10 月 18 日债务重组双方的会计处理和税务处理。

（一）会计处理

1. 债权人的会计处理

债权人受让多项非金融资产，或者包括金融资产、非金融资产在内的多项资产的，应当按照《企业会计准则第 22 号——金融工具确认和计量》的规定确认和计量受让的金融资产。按照受让的金融资产以外的各项资产在债务重组合同生效日的公允价值比例，对放弃债权在合同生效日的公允价值扣除受让金融资产当日公允价值后的净额进行分配，并以此为基础分别确定各项资产的成本。放弃债权的公允价值与账面价值之间的差额，记入"投资收益"科目。

（1）合同生效日 2×24 年 9 月 18 日：

固定资产的成本 =（放弃债权在合同生效日的公允价值 3 390-合同生效日金融资产公允价值 1 390）×700/（700+1 300）= 700（万元）

库存商品的成本 =（3 390-1 390）×1 300/（700+1 300）= 1 300（万元）

（2）2×24 年 10 月 18 日债务重组的会计分录如下：

借：交易性金融资产 1 400
　　固定资产 700
　　库存商品 1 300
　　坏账准备 20
　　投资收益 240（3 660-20-3 390-10）
　贷：应收账款 3 660

2. 债务人的会计处理

以金融资产和非金融资产清偿债务，清偿债务的 BV-转让资产的 BV ="其他收益"（不区分资产处置损益和债务重组损益）

2×24 年 10 月 18 日债务重组的会计分录如下：

借：固定资产清理 600
　　累计折旧 50
　贷：固定资产 650
借：应付账款 3 660
　贷：交易性金融资产 1 200
　　　固定资产清理 600
　　　库存商品 1 200
　　　其他收益——债务重组收益 660

（二）税务处理

1. 债权人的税务处理

（1）增值税

甲公司收到固定资产（设备）可抵扣增值税＝700×13%＝91（万元），收到库存商品可抵扣增值税＝1 300×13%＝169（万元）。

考虑增值税之后的会计处理如下：

借：交易性金融资产　　　　　　　　　　　　　　1 400

固定资产　　　　　　　　　　　　　　　700

库存商品　　　　　　　　　　　　　　1 300

应交税费——应交增值税（进项税额）　260

坏账准备　　　　　　　　　　　　　　20

贷：应收账款　　　　　　　　　　　　　　3 660

投资收益　　　　　　　　　　　　　　20

（2）企业所得税

①根据《实施条例》第五十五条的规定，除财政部和国家税务总局核准计提的准备金可以税前扣除外，其他行业、企业计提的各项资产减值准备、风险准备等准备金均不得税前扣除。本例中，甲公司针对该应收账款计提的减值准备应当在计提当年计算企业所得税时，纳税调增20万元。

②债权人甲公司应该在合同生效时（9月18日）确认债务重组损失＝3 660（应收账款的账面余额）－1 390（抵债交易性金融资产 FV）－700（抵债固定资产 FV）－1 300（抵债库存商品 FV）－169（抵债库存商品可抵进项）－91（抵债固定资产可抵进项）＝10（万元），与会计上确认的损失240万元存在差异，需要在会计利润的基础上纳税调增250万元。值得特别注意的是，根据《国家税务总局关于贯彻落实企业所得税法若干税收问题的通知》（国税函〔2010〕79号）第二条的规定，企业发生债务重组，应在债务重组合同或协议生效时确认收入的实现。该规定是对债务人而言的。对于债权人，根据"对称处理"的原则，债权人确认债务重组损

失也应该发生在债务重组合同生效时，即 9 月 18 日。但是，按会计准则规定，本例中应在合同生效日（9 月 18 日）确定相关资产的入账价值，在相关资产权属转让之日（10 月 18 日）进行账务处理。那么，债权人在确认取得抵债资产的计税基础时，究竟是合同生效日还是取得相关资产权属之日呢？理论上讲，应该是取得相关资产权属之日，因为在合同生效日相关资产的权属不一定转移，这就不符合税务处理中的"实际发生"原则。当然，税法在规定确认债务重组收入和债务重组损失时，为了方便征管和督促纳税人及时交易，将时间设定为合同生效日。因此，债权人在确定取得抵债资产的计税基础时，理论上应按取得相关资产权属之日来确定（本例中为 10 月 18 日），这样可以与会计处理的日期保持一致。但在现实中，债务重组交易中交易双方认可的抵债金额是债务重组合同中规定的金额，因此，实务中应以合同生效日合同中的金额为基础来确定抵债资产的计税基础。甲公司取得抵债资产的计税基础为：交易性金融资产的计税基础为 1 390 万元；固定资产的计税基础为 700 万元；库存商品的计税基础为 1 300 万元。

（3）印花税

若交易性金融资产的标的物为股票，根据《印花税法》第三条规定，证券交易印花税对证券交易的出让方征收，不对受让方征收。因此，债权人受让股票不需要缴纳印花税。债权人甲公司取得抵债用的固定资产和库存商品应按买卖合同缴纳印花税，计税依据为合同所列金额（不含增值税），即甲公司取得固定资产和库存商品应纳印花税 =（700+1 300）万元×0.3‰ = 6 000 元。

2. 债务人的税务处理

（1）增值税

本例中，债务人乙公司用交易性金融资产偿还债务，属于金融商品（假定为股票）转让性质，债务人乙公司在转让金融商品时，应按照 6% 的税率计算缴纳增值税 23.4［（1 390-1 000）×6%］万元；债务人乙公司用设备、库存商品抵债，应分别按 13% 的税率计算销项税额 91（700×13%）

万元和 169（1 300×13%）万元。

考虑增值税之后的会计处理如下：

借：固定资产清理　　　　　　　　　　　　　　　　　600

　　累计折旧　　　　　　　　　　　　　　　　　　　　50

　　贷：固定资产　　　　　　　　　　　　　　　　　650

借：应付账款　　　　　　　　　　　　　　　　　　3 660

　　贷：交易性金融资产　　　　　　　　　　　　　1 200

　　　　固定资产清理　　　　　　　　　　　　　　　600

　　　　库存商品　　　　　　　　　　　　　　　　1 200

　　　　应交税费——应交增值税（销项税额）　　　　260

　　　　应交税费——转让金融商品应交增值税　　　23.4

　　　　其他收益——债务重组收益　　　　　　　　376.6

（2）企业所得税

若适用一般性税务处理，债务人乙公司以非货币资产清偿债务，应当分解为转让相关非货币性资产、按非货币性资产的公允价值清偿债务两项业务，确认相关资产的所得或损失；债务人应当按照支付的债务清偿金额低于债务计税基础的差额，确认债务重组所得。据此，债务人乙公司应确认的资产转让所得为：交易性金融资产的转让所得=1 390（FV）-1 000（计税基础）=390 万元，固定资产的转让所得=700（FV）-（650-50）（计税基础）=100 万元，库存商品的转让所得=1 300（FV）-1 200（计税基础）=100 万元。

债务人乙公司确认的债务重组所得=3 660（债务计税基础）-（1 390+700+1 300）（债务清偿金额）=270 万元。

若适用特殊性税务处理，当债务人乙公司债务重组确认的应纳税所得额 270 万元占其当年应纳税所得额 50%以上时，债务人乙公司可以在 5 个纳税年度的期间内，将债务重组确认的应纳税所得额均匀计入各年度的应纳税所得额，即每年可以计入应纳税所得额的债务重组所得为 54（270÷5）万元。

（3）印花税

交易性金融资产的标的物为股票，债务人作为出让方，需要按"证券交易"税目缴纳印花税，应纳税额为成交金额的1‰。自2023年8月28日起，证券交易印花税减半征收，即债务人乙公司应该缴纳的印花税＝1 400万元（不含税成交价）×1‰×50%＝7 000元。债务人乙公司转让用于抵债的固定资产和库存商品应按"买卖合同"税目缴纳印花税，计税依据为合同所列金额（不含增值税），即乙公司转让固定资产和库存商品应纳印花税＝（700＋1 300）万元×0.3‰＝6 000元。

【例题 5-5】甲、乙公司均为增值税一般纳税人，适用增值税率为13%，有关债务重组资料如下：

(1) 2×23 年 11 月 5 日，甲公司向乙公司赊购一批材料，含税价为1 170 万元。乙公司以摊余成本计量该项债权，甲公司以摊余成本计量该项债务。

(2) 2×24 年 9 月 10 日，甲公司因发生财务困难，无法按合同约定偿还债务，双方协商进行债务重组。乙公司同意甲公司用其生产的商品、作为固定资产管理的机器设备和一项债券投资抵偿欠款。当日，该债权的公允价值为 1 050 万元。

甲公司用于抵债的资料如下：

①库存商品：成本为 350 万元；不含税市价为 450 万元（等于计税价格）；

②固定资产：原价为 750 万元，累计折旧为 200 万元，已计提减值准备 90 万元；不含税公允价值为 375 万元（等于计税价格）；

③债券投资：账面价值总额为 75 万元；市价为 117.75 万元；票面利率与实际利率一致，按年付息。

当日，该项债务的账面价值仍为 1 170 万元。

抵债资产于 2×24 年 9 月 20 日转让完毕，甲公司发生设备运输费用 3.25 万元。开出增值税专用发票，增值税销项税额为 107.25 万元。

乙公司将受让的商品、设备和债券投资分别作为原材料、固定资产和以公允价值计量且其变动计入当期损益的金融资产核算。

2×24 年 9 月 20 日，乙公司对该债权已计提坏账准备 95 万元，债券投资市价为 105 万元。

要求：分析债权人和债务人的会计处理和税务处理。

(一) 会计处理

1. 债权人（乙公司）的会计处理

(1) 2×24 年 9 月 10 日（合同生效日）：

原材料的成本＝（放弃债权在合同生效日的公允价值 1 050-合同生效

日金融资产公允价值117.75-原材料和固定资产按公允价值计算的增值税进项税额107.25）×450/（450+375）= 450（万元）

固定资产的成本 =（1 050-117.75-107.25）×375/（450+375）= 375（万元）

（2）2×24年9月20日：

借：原材料	450
固定资产	375
应交税费——应交增值税（进项税额）	107.25
交易性金融资产	105
坏账准备	95
投资收益	37.75

[1 050-（1 170-95）+（105-117.75）= -37.75]

贷：应收账款——甲公司	1 170

2. 债务人（甲公司）的会计处理

甲公司9月20日的账务处理如下：

借：固定资产清理	460
累计折旧	200
固定资产减值准备	90
贷：固定资产	750
借：固定资产清理	3.25
贷：银行存款	3.25
借：应付账款	1 170
贷：固定资产清理	463.25
库存商品	350
应交税费——应交增值税（销项税额）	107.25

[（库存商品公允价值450+固定资产公允价值375）×13%]

债权投资	75
其他收益——债务重组收益	174.5

（二）税务处理

本例中，债权人乙公司债权的计税基础为 1 170 万元，收到抵债资产的公允价值为 1 050 万元 [（450+375）×（1+13%）+117.75]，这说明债权人乙公司作出了让步，符合税法中债务重组的定义。

1. 债权人的税务处理

（1）增值税

对债权人乙公司，从债务人甲公司取得的法定抵扣凭证上注明的进项税额可以抵扣当期的销项税额。本例中，乙公司可抵扣增值税进项税额为 107.25（450×13%+375×13%）万元。

（2）企业所得税

①本例中，乙公司针对该应收账款计提的坏账准备 95 万元，应当在计提当年计算企业所得税时，纳税调增 95 万元。

②债权人乙公司应该在合同生效时（9 月 10 日）确认债务重组损失 = 1 170（应收账款的账面余额）−450（抵债库存商品 FV）−375（抵债固定资产 FV）−117.75（抵债债券投资 FV）−107.25（抵债库存商品和固定资产可抵进项）= 120（万元），与会计上确认的损失 37.75 万元存在差异，需要在会计利润的基础上纳税调减 82.25 万元。值得特别注意的是，债权人确认债务重组损失也应该在债务重组合同生效时，即 9 月 10 日。但是，按会计准则规定，本例中应在合同生效日（9 月 10 日）确定相关资产的入账价值，在相关资产权属转让之日（9 月 20 日）进行账务处理。债权人在确定取得抵债资产的计税基础时，理论上应按取得相关资产权属之日来确定（本例中为 9 月 20 日），这样可以与会计处理的日期保持一致，但在现实中，债务重组交易中交易双方认可的抵债金额是债务重组合同中规定的金额，因此，实务中应以合同生效日合同中的金额为基础来确定抵债资产的计税基础。乙公司取得抵债资产的计税基础为：库存商品的计税基础为 450 万元；固定资产的计税基础为 375 万元；交易性金融资产的计税基础为 117.75 万元。

（3）印花税

本例中，交易性金融资产的标的物为债券投资，不属于证券交易印花税征收范畴。债权人乙公司取得抵债用的固定资产和库存商品应按买卖合同缴纳印花税，计税依据为合同所列金额（不含增值税），即甲公司取得固定资产和库存商品应纳印花税 =（450+375）万元×0.3‰ = 2 475 元。

2. 债务人的税务处理

（1）增值税

根据《财政部　国家税务总局关于全面推开营业税改征增值税试点的通知》（财税〔2016〕36 号）附件《销售服务、无形资产、不动产注释》规定，金融商品转让，是指转让外汇、有价证券、非货物期货和其他金融商品所有权的业务活动。其他金融商品转让包括基金、信托、理财产品等各类资产管理产品和各种金融衍生品的转让。财税〔2016〕36 号文附件 2《营业税改征增值税试点有关事项的规定》第一条第三款规定，金融商品转让，按照卖出价扣除买入价后的余额为销售额。

本例中，债务人甲公司用债券投资偿还债务，该项债券投资属于《财政部　国家税务总局关于全面推开营业税改征增值税试点的通知》（财税〔2016〕36 号）附件 2《营业税改征增值税试点有关事项的规定》中"金融商品转让"的范畴，甲公司在转让时，应按照 6% 的税率申报缴纳增值税 2.42［（117.75−75）×6%/（1+6%）］万元。值得注意的是，金融商品转让不得开具增值税专用发票。

对于用于偿债的商品和设备，债务人甲公司应按计税价格申报增值税销项，即（450+375）×13% = 107.25 万元，并向债权人乙公司开具增值税专用发票。

考虑完整的增值税之后的会计处理如下：

借：固定资产清理　　　　　　　　　　　　　　　　　　460

　　累计折旧　　　　　　　　　　　　　　　　　　　　200

　　固定资产减值准备　　　　　　　　　　　　　　　　 90

　贷：固定资产　　　　　　　　　　　　　　　　　　　750

借：固定资产清理　　　　　　　　　　　　　　　　　　3.25

　　贷：银行存款　　　　　　　　　　　　　　　　　　3.25

借：应付账款　　　　　　　　　　　　　　　　　　　1 170

　　贷：固定资产清理　　　　　　　　　　　　　　　463.25

　　　　库存商品　　　　　　　　　　　　　　　　　　350

　　　　应交税费——应交增值税（销项税额）　　　　107.25

　　　　［（库存商品公允价值450+固定资产公允价值375）×13%］

　　　　应交税费——转让金融商品应交增值税　　　　　2.42

　　　　债权投资——成本　　　　　　　　　　　　　　　75

　　　　其他收益——债务重组收益　　　　　　　　　172.08

（2）企业所得税

若适用一般性税务处理，债务人甲公司以非货币资产清偿债务，应当分解为转让相关非货币性资产、按非货币性资产公允价值清偿债务两项业务，确认相关资产的所得或损失。债务人应当按照支付的债务清偿额低于债务计税基础的差额，确认债务重组所得。据此，债务人甲公司以资产组合抵偿债务，应分别确认固定资产转让所得=公允价值375万元-计税基础（750万元-200万元）=-175万元（损失），库存商品转让所得=公允价值450万元-计税基础350万元=100万元，以及债券投资转让所得=公允价值117.75万元-计税基础75万元=42.75万元，上述三项资产转让所得合计=-175+100+42.75=-32.25万元；同时，债务人甲公司应在债务重组合同或协议生效时一次性确认债务重组收益=债务计税基础1 170万元-债务清偿金额（450×1.13+375×1.13+117.75）万元=120万元。

若适用特殊性税务处理，当债务人甲公司债务重组确认的应纳税所得额占其当年应纳税所得额50%以上时，债务人甲公司可以在5个纳税年度的期间内，将债务重组确认的应纳税所得额均匀计入各年度的应纳税所得额，即每年可以计入应纳税所得额的债务重组所得为24（120÷5）万元。

（3）印花税

本例中，交易性金融资产的标的物为债券，不属于证券交易印花税范畴。债务人甲公司转让用于抵债的固定资产和库存商品应按买卖合同缴纳印花税，计税依据为合同所列金额（不含增值税），即甲公司转让固定资产和库存商品应纳印花税＝（450+375）万元×0.3‰＝2 475 元。

（4）城市维护建设税、教育费附加和地方教育附加

本例中，债务人甲公司转让债券投资、库存商品和固定资产需要缴纳增值税，也需要按实际缴纳的增值税计算城市维护建设税（市区7%，县城、镇5%，其他地区1%）、教育费附加（3%）和地方教育附加（2%）。

【例 5-6】　2×23 年 11 月 5 日，甲公司向乙公司赊购一批材料，含税价为 234 万元。2×24 年 9 月 10 日，甲公司因发生财务困难，无法按合同约定偿还债务，双方协商进行债务重组。乙公司同意甲公司用其生产的商品、作为固定资产管理的机器设备和一项债券投资抵偿欠款。当日，该债权的公允价值为 210 万元，甲公司用于抵债的商品市价（不含增值税）为 90 万元，抵债设备的公允价值为 75 万元，用于抵债的债券投资市价为 23.55 万元。

抵债资产于 2×24 年 9 月 20 日转让完毕，甲公司发生设备运输费用 0.65 万元，乙公司发生设备安装费用 1.5 万元。

乙公司以摊余成本计量该项债权。2×24 年 9 月 20 日，乙公司对该债权已计提坏账准备 19 万元，债券投资市价为 21 万元。乙公司将受让的商品、设备和债券投资分别作为低值易耗品、固定资产和以公允价值计量且其变动计入当期损益的金融资产核算。

甲公司以摊余成本计量该项债务。2×24 年 9 月 20 日，甲公司用于抵债的商品成本为 70 万元；抵债设备的账面原价为 150 万元，累计折旧为 40 万元，已计提减值准备 18 万元；甲公司以摊余成本计量用于抵债的债券投资，债券票面价值总额为 15 万元，票面利率与实际利率一致，按年付息，假定甲公司尚未对债券确认利息收入。当日，该项债务的账面价值仍为 234 万元。

甲、乙公司均为增值税一般纳税人，适用增值税率为 13%，经税务机关核定，该项交易中商品和设备的计税价格分别为 90 万元和 75 万元。不考虑相关税费。

（一）会计处理

1. 债权人的会计处理

$$低值易耗品可抵扣增值税 = 90 \times 13\% = 11.7（万元）$$
$$设备可抵扣增值税 = 75 \times 13\% = 9.75（万元）$$

低值易耗品和固定资产的成本应当以其公允价值比例（90：75）对放

弃债权公允价值扣除受让金融资产公允价值后的净额进行分配后的金额为基础确定。

$$低值易耗品的成本 = 90 / (90+75) \times (210-23.55-11.7-9.75)$$
$$= 90（万元）$$
$$固定资产的成本 = 75 / (90+75) \times (210-23.55-11.7-9.75)$$
$$= 75（万元）$$

2×24 年 9 月 20 日，乙公司的账务处理如下：

（1）结转债务重组相关损益

借：低值易耗品	90
在建工程——在安装设备	75
应交税费——应交增值税（进项税额）	21.45
交易性金融资产	21
坏账准备	19
投资收益	7.55
贷：应收账款——甲公司	234

（2）支付安装费用

借：在建工程——在安装设备	1.5
贷：银行存款	1.5

（3）安装完毕达到可使用状态

借：固定资产——××设备	76.5
贷：在建工程——在安装设备	76.5

2. 债务人的会计处理

甲公司 9 月 20 日的账务处理如下：

借：固定资产清理	92
累计折旧	40
固定资产减值准备	18
贷：固定资产	150
借：固定资产清理	0.65

　　　　贷：银行存款　　　　　　　　　　　　　　　　　　　0.65

　　借：应付账款　　　　　　　　　　　　　　　　　　　　234

　　　　贷：固定资产清理　　　　　　　　　　　　　　　　92.65

　　　　　　库存商品　　　　　　　　　　　　　　　　　　70

　　　　　　应交税费——应交增值税（销项税额）　　　　21.45

　　　　　　债权投资　　　　　　　　　　　　　　　　　　15

　　　　　　其他收益——债务重组收益　　　　　　　　　34.9

（二）税务处理

　　本例中，债权人乙公司债权的计税基础为 234 万元，收到抵债资产的清偿金额为 210［（90+75）×（1+13%）+23.55］万元，这说明债权人乙公司作出了让步，符合税法中债务重组的定义。

1. 债权人的税务处理

（1）增值税

　　债权人乙公司取得低值易耗品可抵扣增值税 = 90×13% = 11.7 万元，取得固定资产（机器设备）可抵扣增值税 = 75×13% = 9.75 万元。

（2）企业所得税

　　本例中，债权人乙公司针对该应收账款计提的坏账准备 19 万元，应当在计提当年计算企业所得税时，纳税调增 19 万元。

　　债权人乙公司应该在合同生效时（9 月 10 日）确认债务重组损失 = 234（应收账款计税基础）- 90（抵债库存商品 FV）- 75（抵债固定资产 FV）- 23.55（抵债债券投资 FV）- 21.45（抵债库存商品和固定资产可抵进项）= 24（万元），与会计上确认的损失 7.55 万元存在差异，需要在会计利润的基础上纳税调减 16.45 万元。值得特别注意的是，债权人确认债务重组损失应该在债务重组合同生效时，即 9 月 10 日。但是，按会计准则规定，本例中应在合同生效日（9 月 10 日）确定相关资产的入账价值，在相关资产权属转让之日（9 月 20 日）进行账务处理。债权人在确定取得抵债资产的计税基础时，理论上应按取得相关资产权属之日来确定（本例中为 9 月 20 日），这样可以与会计处理的日期保持一致。但在现实中，债务重组交易中交易双方认可的抵债金额是债务重组合同中规定的金额，因此，实务中应以合同生效日合同中的金额为基础来确定抵债资产的计税基础。乙公司取得抵债资产的计税基础为：低值易耗品的计税基础为 90 万元；固定资产的计税基础为 76.5 万元（机器设备公允价值 75+设备安装费 1.5）；交易性金融资产的计税基础为 23.55 万元。

（3）印花税

本例中，交易性金融资产的标的物为债券，不属于证券交易印花税征收范畴。债权人乙公司取得抵债用的低值易耗品和固定资产应按买卖合同缴纳印花税，计税依据为合同所列金额（不含增值税），即甲公司取得固定资产和库存商品应纳印花税 =（90+75）万元×0.3‰ = 495 元。

2. 债务人的税务处理

（1）增值税

本例中，债务人甲公司用债券偿还债务，该项债券属于《财政部　国家税务总局关于全面推开营业税改征增值税试点的通知》（财税〔2016〕36 号）附件 2《营业税改征增值税试点有关事项的规定》中"金融商品转让"的范畴，甲公司在转让时，应按照 6% 的税率申报缴纳增值税 0.48 [（23.55-15）×6%/（1+6%）] 万元，值得注意的是，金融商品转让不得开具增值税专用发票。

对于用于偿债的商品和设备，债务人甲公司应按计税价格申报增值税销项，即（90+75）×13% = 21.45 万元，并向债权人乙公司开具增值税专用发票。

考虑完整的增值税之后的会计处理如下：

借：固定资产清理　　　　　　　　　　　　　　　　　92

　　累计折旧　　　　　　　　　　　　　　　　　　　40

　　固定资产减值准备　　　　　　　　　　　　　　　18

　　贷：固定资产　　　　　　　　　　　　　　　　　150

借：固定资产清理　　　　　　　　　　　　　　　　0.65

　　贷：银行存款　　　　　　　　　　　　　　　　0.65

借：应付账款　　　　　　　　　　　　　　　　　234

　贷：固定资产清理　　　　　　　　　　　　　92.65

　　　库存商品　　　　　　　　　　　　　　　70

　　　应交税费——应交增值税（销项税额）　21.45

　　　债权投资　　　　　　　　　　　　　　　15

　　　应交税费——转让金融商品应交增值税　0.48

　　　其他收益——债务重组收益　　　　　　34.42

（2）企业所得税

若适用一般性税务处理，债务人甲公司以资产组合抵偿债务，应分别确认库存商品转让所得=公允价值 90-计税基础 70=20 万元，固定资产转让所得=公允价值 75-计税基础（150-40）-转让环节有关税费 0.65=-35.65 万元，以及债券投资转让所得=公允价值 23.55-计税基础 15=8.55 万元，上述三项资产转让所得合计=20-35.65+8.55=-7.1 万元；同时，债务人甲公司应在债务重组合同或协议生效时一次性确认债务重组收益=债务计税基础 234-债务清偿金额（450×1.13+375×1.13+23.55）=24 万元。

若适用特殊性税务处理，当债务人甲公司债务重组确认的应纳税所得额占其当年应纳税所得额 50%以上时，债务人甲公司可以在 5 个纳税年度的期间内，将债务重组确认的应纳税所得额均匀计入各年度的应纳税所得额，即每年可以计入应纳税所得额的债务重组所得为 4.8 万元（24÷5）。

（3）印花税

本例中，交易性金融资产的标的物为债券，不属于证券交易印花税征收范畴。债务人甲公司转让用于抵债的库存商品和固定资产应按买卖合同缴纳印花税，计税依据为合同所列金额（不含增值税），即甲公司转让固定资产和库存商品应纳印花税=（90+75）万元×0.3‰=495 元。

（4）城市维护建设税、教育费附加和地方教育附加

本例中，债务人甲公司转让库存商品、固定资产和债券投资需要缴纳增值税，也需要按实际缴纳的增值税计算城市维护建设税（市区 7%，县城、镇 5%，其他地区 1%）、教育费附加（3%）和地方教育附加（2%）。

四　债务转为权益工具

【例5-7】　2×24年乙公司（债权人）和甲公司（债务人）债务重组资料如下：

（1）3月6日，甲公司从乙公司购买一批材料，约定6个月后甲公司应结清款项5 000万元（假定无重大融资成分）。乙公司将该应收款项分类为以公允价值计量且其变动计入当期损益的金融资产；甲公司将该应付款项分类为以摊余成本计量的金融负债。

（2）6月30日，应收款项和应付款项的公允价值均为4 250万元。

（3）9月6日，甲公司因无法支付货款与乙公司协商进行债务重组，双方商定乙公司将该债权转为对甲公司的股权投资。当日应收款项和应付款项的公允价值均为3 800万元。

（4）10月8日，乙公司办理了对甲公司的增资手续，甲公司和乙公司分别支付手续费等相关费用75万元和60万元。债转股后甲公司总股本为6 250万元，乙公司持有的抵债股权占甲公司总股本的20%，对甲公司具有重大影响，甲公司股权公允价值不能可靠计量。甲公司应付款项的账面价值仍为5 000万元。应收款项和应付款项的公允价值仍为3 800万元。

假定不考虑相关税费。

要求：

（1）分析乙公司（债权人）2×24年3月6日至10月8日的会计处理和税务处理。

（2）分析甲公司（债务人）2×24年3月6日至10月8日的会计处理和税务处理。

（一）会计处理

1. 债权人的会计处理

（1）3月6日：

借：交易性金融资产——成本　　　　　　　　　　　　　5 000

　　贷：主营业务收入　　　　　　　　　　　　　　　　　　　5 000

（2）6月30日：

借：公允价值变动损益　　　　　　　　　　750（5 000-4 250）

　　贷：交易性金融资产——公允价值变动　　　　　　　　　　750

（3）9月6日：

借：公允价值变动损益　　　　　　　　　　450（4 250-3 800）

　　贷：交易性金融资产——公允价值变动　　　　　　　　　　450

（4）10月8日：

　　　　长期股权投资初始投资成本=应收款项公允价值3 800

　　　　　　　　　　　　　　　+相关税费60=3 860（万元）

借：长期股权投资——甲公司　　　　　　　　　　　　　3 860

　　交易性金融资产—公允价值变动　　　　1 200（750+450）

　　贷：交易性金融资产——成本　　　　　　　　　　　　5 000

　　　　银行存款　　　　　　　　　　　　　　　　　　　　60

2. 债务人的会计处理

（1）3月6日：

借：原材料　　　　　　　　　　　　　　　　　　　　　5 000

　　贷：应付账款　　　　　　　　　　　　　　　　　　　5 000

（2）6月30日：不需要处理

（3）9月6日：不需要处理

（4）10月8日，由于甲公司股权的公允价值不能可靠计量，初始确认权益工具公允价值应当按照所清偿债务的公允价值3 800万元计量，并扣除因发行权益工具支出的相关税费75万元。

借：应付账款　　　　　　　　　　　　　　　　　　　　5 000

　　贷：实收资本（6 250×20%）　　　　　　　　　　　　1 250

　　　　资本公积（3 800-1 250-75）　　　　　　　　　　2 475

　　　　银行存款　　　　　　　　　　　　　　　　　　　　75

　　　　投资收益（5 000-3 800）　　　　　　　　　　　　1 200

（二）税务处理

本例中，债权人乙公司债权的计税基础 5 000 万元大于债务清偿金额 3 800 万元，表明债权人已经作出让步，符合税法中债务重组的定义。

1. 债权人的税务处理

（1）增值税

债权人乙公司销售一批材料，若乙公司属于一般纳税人且材料对应的增值税税率为 13%，则乙公司在拥有索取销售款项凭据的当天发生了增值税纳税义务，应向债务人甲公司开具增值税专用发票，且在纳税期限内申报增值税销项 5 000÷（1+13%）×13% = 575.22 万元。

考虑增值税之后的会计处理如下：

3 月 6 日：

借：交易性金融资产——成本　　　　　　　　　　　　5 000

　贷：主营业务收入　　　　　　　　　　　　　　　4 424.78

　　　应交税费——应交增值税（销项税额）　　　　　575.22

其他处理与前文保持一致。

（2）企业所得税

①资产持有期间公允价值变动调整

《中华人民共和国企业所得税法实施条例》第五十六条规定，企业的各项资产，包括固定资产、生物资产、无形资产、长期待摊费用、投资资产、存货等，以历史成本为计税基础。前款所称历史成本，是指企业取得该项资产时实际发生的支出。企业持有各项资产期间资产增值或者减值，除国务院财政、税务主管部门规定可以确认损益外，不得调整该资产的计税基础。第七十一条规定，企业在转让或者处置投资资产时，投资资产的成本，准予扣除。

本例中，乙公司交易性金融资产的计税基础为 5 000 万元，在持有期间，会计上确认的公允价值变动损益，税法不予认可，需要调增应纳税所得额 1 200（750+450）万元。

②债务重组收益

a. 一般性税务处理

根据《财政部 国家税务总局关于企业重组业务企业所得税处理若干问题的通知》（财税〔2009〕59号）规定，除符合规定适用特殊性税务处理规定的外，企业债务重组，相关交易应按以下规定处理：发生债权转股权的，应当分解为债务清偿和股权投资两项业务，确认有关债务清偿所得或损失；债权人应当按照收到的债务清偿额低于债权计税基础的差额，确认债务重组损失。

本例中，会计处理上债权人乙公司未确认债务重组损益。但根据上述税务处理规定，债权人乙公司企业所得税确认债务重组损失＝债权的计税基础5 000－收到的债务清偿额3 800＝1 200万元，应在会计利润总额的基础上调减应纳税所得额1 200万元。债权人乙公司取得股权投资的计税基础为该股权投资的公允价值3 800万元①和支付的相关税费60万元之和，即3 860万元，与会计处理结果一致。

b. 特殊性税务处理

若上述债务重组交易适用特殊性税务处理，则可以按以下规定处理：企业发生债权转股权业务，对债务清偿和股权投资两项业务暂不确认有关债务清偿所得或损失，股权投资的计税基础以原债权的计税基础确定。

本例中，会计处理上债权人乙公司未确认债务重组损益。根据上述税务处理规定，债权人乙公司在企业所得税上暂不确认重组损失，但乙公司取得甲公司长期股权投资的计税基础＝原债权的计税基础（5 000）＋相关税费（60）＝5 060万元，与会计入账价值3 860万元存在差异。

（3）印花税

本例中，债权人乙公司将一批材料销售给甲公司，需要按印花税"买卖合同"税目计算缴纳印花税，计税依据为合同所列金额，应纳税额＝5 000万元×0.3‰＝15 000元。

---

① 尽管题中指出，债务人甲公司股权的公允价值不能可靠计量，但是交易双方债转股中的债务清偿金额为3 800万元，这说明债权人乙公司取得20%股权的公允价值为3 800万元。

2. 债务人的税务处理

（1）增值税

债务人甲公司购买一批材料，若甲公司属于一般纳税人且材料对应的增值税税率为 13%，则甲公司取得增值税专用发票可以抵扣进项税为 5 000÷（1+13%）×13%＝575.22 万元。

考虑增值税之后的会计处理如下：

3 月 6 日：

借：原材料　　　　　　　　　　　　　　　　　　　4 424.78

　　　应交税费——应交增值税（进项税额）　　　　 575.22

　　贷：应付账款　　　　　　　　　　　　　　　　 5 000

其他处理与前文保持一致。

（2）企业所得税

①一般性税务处理

根据《财政部　国家税务总局关于企业重组业务企业所得税处理若干问题的通知》（财税〔2009〕59 号）规定，除符合规定适用特殊性税务处理规定的外，企业债务重组，相关交易应按以下规定处理：发生债权转股权的，应当分解为债务清偿和股权投资两项业务，确认有关债务清偿所得或损失；债务人应当按照支付的债务清偿额低于债务计税基础的差额，确认债务重组所得。

本例中，会计处理上债务人甲公司确认债务重组收益 1 200 万元。根据上述税务处理规定，债务人甲公司企业所得税确认债务重组所得＝债务的计税基础 5 000－支付的债务清偿额 3 800＝1 200 万元。尽管与会计处理结果一致，但是与会计处理的思路存在重大差异。

②特殊性税务处理

若上述债务重组交易适用特殊性税务处理，则可以按以下规定处理：企业发生债权转股权业务，对债务清偿和股权投资两项业务暂不确认有关债务清偿所得或损失。

本例中，会计处理上债务人甲公司确认收益 1 200 万元。但根据上述税务处理规定，债务人甲公司在企业所得税上不确认债务重组所得，在计算应纳税所得额时，需要在会计确认收益的基础上调减 1 200 万元。

（3）印花税

本例中，债务人甲公司购买一批原材料，需要按印花税"买卖合同"税目计算缴纳印花税，计税依据为合同所列金额，应纳税额 = 5 000 万元 × 0.3‰ = 15 000 元。

根据财税〔2003〕183 号规定，企业债权转股权新增加的资金按规定贴花。本例中，债务人甲公司应按债权转股权新增加实收资本（股本）、资本公积合计金额的申报缴纳印花税，即应纳税额 = （1 250+2 475）万元 × 0.25‰ = 9 312.5 元。

（4）城市维护建设税、教育费附加和地方教育附加

本例中，债务人乙公司销售一批原材料需要缴纳增值税，也需要按实际缴纳的增值税计算城市维护建设税（市区 7%，县城、镇 5%，其他地区 1%）、教育费附加（3%）和地方教育附加（2%）。

【例 5-8】　2×24 年 2 月 10 日，甲公司从乙公司购买一批材料，约定 6 个月后甲公司应结清款项 100 万元（假定无重大融资成分）。乙公司将该应收款项分类为以公允价值计量且其变动计入当期损益的金融资产；甲公司将该应付款项分类为以摊余成本计量的金融负债。

2×24 年 8 月 12 日，甲公司因无法支付货款与乙公司协商进行债务重组，双方商定乙公司将该债权转为对甲公司的股权投资。10 月 20 日，乙公司办结了对甲公司的增资手续，甲公司和乙公司分别支付手续费等相关费用 1.5 万元和 1.2 万元。债转股后甲公司总股本为 100 万元，乙公司持有的抵债股权占甲公司总股本的 25%，对甲公司具有重大影响，甲公司股权公允价值不能可靠计量。甲公司应付款项的账面价值仍为 100 万元。

2×24 年 6 月 30 日，应收款项和应付款项的公允价值均为 85 万元。

2×24 年 8 月 12 日，应收款项和应付款项的公允价值均为 76 万元。

2×24 年 10 月 20 日，应收款项和应付款项的公允价值仍为 76 万元。

假定不考虑相关税费。

（一）会计处理

1. 债权人的会计处理

乙公司的账务处理如下：

（1）2 月 10 日：

借：交易性金融资产——成本　　　　　　　　　　　　100

　　贷：主营业务收入　　　　　　　　　　　　　　　　100

（2）6 月 30 日：

借：公允价值变动损益　　　　　　　　　　　　　　　15

　　贷：交易性金融资产——公允价值变动　　　　　　　15

（3）8 月 12 日：

借：公允价值变动损益　　　　　　　　　　　　　　　9

　　贷：交易性金融资产——公允价值变动　　　　　　　9

（4）10 月 20 日，乙公司对甲公司长期股权投资的成本为应收款项公允价值（76 万元）与相关税费（1.2 万元）的合计 77.2 万元。

借：长期股权投资——甲公司　　　　　　　　　　77.2

　　交易性金融资产——公允价值变动　　　　　　　24

　贷：交易性金融资产——成本　　　　　　　　　　100

　　　银行存款　　　　　　　　　　　　　　　　　1.2

2. 债务人的会计处理

（1）2 月 10 日：

借：原材料　　　　　　　　　　　　　　　　　　100

　贷：应付账款　　　　　　　　　　　　　　　　　100

（2）6 月 30 日：不需要处理

（3）8 月 12 日：不需要处理

（4）10 月 20 日，由于甲公司股权的公允价值不能可靠计量，初始确认权益工具公允价值时应当按照所清偿债务的公允价值 76 万元计量，并扣除因发行权益工具支出的相关税费 1.5 万元。甲公司的账务处理如下：

借：应付账款　　　　　　　　　　　　　　　　　100

　贷：实收资本　　　　　　　　　　　　　25（100×25%）

　　　资本公积——资本溢价　　　　　49.5（76−25−1.5）

　　　银行存款　　　　　　　　　　　　　　　　　1.5

　　　投资收益　　　　　　　　　　　　　　　　　24

（二）税务处理

本例中，债权人乙公司债权的计税基础 100 万元大于债务清偿金额 76 万元，表明债权人已经作出让步，符合税法中债务重组的定义。

1. 债权人的税务处理

（1）增值税

债权人乙公司销售一批材料，若乙公司属于一般纳税人且材料对应的增值税税率为 13%，则乙公司在拥有索取销售款项凭据的当天发生了增值税纳税义务，应向债务人甲公司开具增值税专用发票，且在纳税期限内申报增值税销项 100÷（1+13%）×13%＝11.50 万元。

考虑增值税之后的会计处理如下：

2 月 10 日：

借：交易性金融资产——成本　　　　　　　　　　　　　　　100

　贷：主营业务收入　　　　　　　　　　　　　　　　　　88.50

　　　应交税费——应交增值税（销项税额）　　　　　　　11.50

（2）企业所得税

①资产持有期间公允价值变动调整

本例中，乙公司交易性金融资产的计税基础为 100 万元，在持有期间，会计上确认的公允价值变动损益，税法不予认可，需要调增应纳税所得额 24（15+9）万元。

②债务重组收益

a. 一般性税务处理

根据《财政部　国家税务总局关于企业重组业务企业所得税处理若干问题的通知》（财税〔2009〕59 号）规定，除符合规定适用特殊性税务处理规定的外，企业债务重组，相关交易应按以下规定处理：发生债权转股权的，应当分解为债务清偿和股权投资两项业务，确认有关债务清偿所得或损失；债权人应当按照收到的债务清偿额低于债权计税基础的差额，确认债务重组损失。

本例中，会计处理上债权人乙公司未确认债务重组损益。但根据上述税务处理规定，债权人乙公司企业所得税确认债务重组损失＝债权的计税基础 100－收到的债务清偿额 76＝24 万元，应在会计利润总额的基础上调减应纳税所得额 24 万元。债权人乙公司取得股权投资的计税基础为该股权投资的公允价值 76 万元①和支付的相关税费 1.2 万元之和，即 77.2 万元。与会计处理结果一致。

---

① 尽管题中指出，债务人甲公司股权的公允价值不能可靠计量，但是交易双方债转股中的债务清偿金额为 76 万元，这说明债权人乙公司取得 25%股权的公允价值为 76 万元。

b. 特殊性税务处理

若上述债务重组交易适用特殊性税务处理，则可以按以下规定处理：企业发生债权转股权业务，对债务清偿和股权投资两项业务暂不确认有关债务清偿所得或损失，股权投资的计税基础以原债权的计税基础确定。

本例中，会计处理上债权人乙公司未确认债务重组损益。根据上述税务处理规定，债权人乙公司在企业所得税上暂不确认重组损失，但乙公司取得甲公司长期股权投资的计税基础＝原债权的计税基础（100）＋相关税费（1.2）＝101.2 万元，与会计入账价值 77.2 万元存在差异。

（3）印花税

本例中，债权人乙公司将一批材料销售给甲公司，需要按印花税"买卖合同"税目计算缴纳印花税，计税依据为合同所列金额，应纳税额＝100 万元×0.3‰＝300 元。

2. 债务人的税务处理

（1）增值税

债务人甲公司购买一批材料，若甲公司属于一般纳税人且材料对应的增值税税率为 13%，则甲公司取得增值税专用发票可以抵扣进项税为 100÷（1+13%）×13%＝11.50 万元。

考虑增值税之后的会计处理如下：

2 月 10 日：

借：原材料	88.50
应交税费——应交增值税（进项税额）	11.50
贷：应付账款	100

（2）企业所得税

①一般性税务处理

根据《财政部　国家税务总局关于企业重组业务企业所得税处理若干问题的通知》（财税〔2009〕59 号）规定，除符合规定适用特殊性税务处理规定的外，企业债务重组，相关交易应按以下规定处理：发生债权转股权的，应当分解为债务清偿和股权投资两项业务，确认有关债务清偿所得或损失；债务人应当按照支付的债务清偿额低于债务计税基础的差额，确认债务重组所得。

本例中，会计处理上债务人甲公司确认收益 24 万元。根据上述税务处理规定，债务人甲公司企业所得税确认债务重组所得＝债务的计税基础 100-支付的债务清偿额 76＝24 万元。尽管与会计处理结果一致，但是与会计处理的思路存在重大差异。

②特殊性税务处理

若上述债务重组交易适用特殊性税务处理，则可以按以下规定处理：企业发生债权转股权业务，对债务清偿和股权投资两项业务暂不确认有关债务清偿所得或损失。

本例中，会计处理上债务人甲公司确认收益 24 万元。但根据上述税务处理规定，债务人甲公司在企业所得税上不确认债务重组所得，在计算应纳税所得额时，需要在会计确认收益的基础上调减 24 万元。

（3）印花税

本例中，债务人甲公司购买一批原材料，需要按印花税"买卖合同"税目计算缴纳印花税，计税依据为合同所列金额，应纳税额＝100 万元×0.3‰＝300 元。

根据财税〔2003〕183 号规定，企业债权转股权新增加的资金按规定贴花。本例中，债务人甲公司应按债权转股权新增加实收资本（股本）、资本公积合计金额的申报缴纳印花税，即应纳税额＝（25+49.5）万元×0.25‰＝186.25 元。

（4）城市维护建设税、教育费附加和地方教育附加

本例中，债务人乙公司销售一批原材料需要缴纳增值税，也需要按实际缴纳的增值税计算城市维护建设税（市区 7%，县城、镇 5%，其他地区 1%）、教育费附加（3%）和地方教育附加（2%）。

五 修改其他条款

【例 5-9】 甲公司是乙公司股东，为了弥补乙公司临时性经营现金流短缺，甲公司向乙公司提供 5 000 万元无息借款，并约定于 1 年后收回。借款期满时，尽管乙公司具有充足的现金流，甲公司仍然决定免除乙公司部分本金还款义务，仅收回 1 000 万元借款。甲公司和乙公司是否确认债务重组相关损益？

（一）会计处理

甲公司和乙公司应当将该交易作为权益性交易，不确认债务重组相关损益。

理由：在此项交易中，如果甲公司不以股东身份而是以市场交易者身份参与交易，在乙公司具有足够偿债能力的情况下不会免除其部分本金。

（二）税务处理

本例中，债务人具有充足的现金流，未出现财务困难，因此不属于税法上的债务重组。对于债务人而言，乙公司应将 4 000 万元的债务豁免一次性计入应纳税所得额；对于债权人而言，由于甲公司对乙公司的债务豁免实质上属于捐赠，而税法上只有公益性捐赠才能按会计利润的一定比例在税前扣除，因此，甲公司对乙公司豁免的 4 000 万元债务也不能在税前扣除。

【例 5-10】　假设前例中债务人乙公司确实出现财务困难，其他债权人对其债务普遍进行了减半的豁免，甲公司作为股东比其他债务人多豁免 1 500 万元的债务。甲公司是否确认债务重组相关损益？

（一）会计处理

甲公司作为股东比其他债务人多豁免 1 500 万元的债务的交易应当作为权益性交易，正常豁免 2 500 万元债务的交易应当确认债务重组相关损益。

理由：债务重组中不属于权益性交易的部分仍然应当确认债务重组相关损益。

（二）税务处理

该案例属于税法中的债务重组，对债务人而言，乙公司应将 2 500 万元的债务豁免作为债务重组收益，一次性计入企业当期的应纳税所得额中；另外额外豁免的 1 500 万元视同收到的捐赠所得，一次性计入企业当期的应纳税所得额中。对债权人而言，甲公司对乙公司豁免的 2 500 万元债务可以作为债务重组损失在当期税前扣除，而额外豁免的 1 500 万元视同对乙公司的捐赠支出，因为是直接捐赠，所以不得在企业所得税税前扣除。

六　组合方式

【例 5-11】　A 公司为上市公司，2×21 年 1 月 1 日，A 公司取得 B 银行贷款 5 000 万元，约定贷款期限为 4 年（即 2×24 年 12 月 31 日到期），年利率 6%，按年付息，A 公司已按时支付所有利息。2×24 年 12 月 31 日，A 公司出现严重资金周转问题，多项债务违约，信用风险增加，无法偿还贷款本金。2×25 年 1 月 10 日，B 银行同意与 A 公司就该项贷款重新达成协议，新协议约定：（1）A 公司将一项作为固定资产核算的房产转让给 B 银行，用于抵偿债务本金 1 000 万元，该房产账面原值 1 200 万元，累计折旧 400 万元，未计提减值准备；（2）A 公司向 B 银行增发股票 500 万股，面值 1 元/股，占 A 公司股份总额的 1%，用于抵偿债务本金 2 000 万元，A 公司股票于 2×25 年 1 月 10 日的收盘价为 4 元/股；（3）在 A 公司履行上述偿债义务后，B 银行免除 A 公司 500 万元债务本金，并将尚未偿还的债务本金 1 500 万元展期至 2×25 年 12 月 31 日，年利率 8%；如果 A 公司未能履行（1）、（2）所述偿债义务，B 银行有权终止债务重组协议，尚未履行的债权调整承诺随之失效。

B 银行以摊余成本计量该贷款，已计提贷款损失准备 300 万元。该贷款于 2×25 年 1 月 10 日的公允价值为 4 600 万元，予以展期的贷款的公允价值为 1 500 万元。2×25 年 3 月 2 日，双方办理完成房产转让手续，B 银行将该房产作为投资性房地产核算。2×25 年 3 月 31 日，B 银行为该笔贷款补提了 100 万元的损失准备。2×25 年 5 月 9 日，双方办理完成股权转让手续，B 银行将该股权投资分类为以公允价值计量且其变动计入当期损益的金融资产，A 公司股票当日收盘价为 4.02 元/股。

A 公司以摊余成本计量该贷款，截至 2×25 年 1 月 10 日，该贷款的账面价值为 5 000 万元。不考虑相关税费。

（一）会计处理

1. 债权人的会计处理

A公司与B银行以组合方式进行债务重组，同时涉及以资产清偿债务、将债务转为权益工具、包括债务豁免的修改其他条款等方式，可以认为对全部债权的合同条款作出了实质性修改，债权人在收取债权现金流量的合同权利终止时应当终止确认全部债权，即在2×25年5月9日该债务重组协议的执行过程和结果不确定性消除时，可以确认债务重组相关损益，并按照修改后的条款确认新金融资产。

（1）3月2日：

投资性房地产成本＝放弃债权公允价值4 600−受让股权公允价值2 000−重组债权公允价值1 500＝1 100（万元）

借：投资性房地产　　　　　　　　　　　　　　　　　1 100

　　贷：贷款——本金　　　　　　　　　　　　　　　　　1 100

（2）3月31日：

借：信用减值损失　　　　　　　　　　　　　　　　　100

　　贷：贷款损失准备　　　　　　　　　　　　　　　　　100

（3）5月9日：

受让股权的公允价值＝4.02×500＝2 010（万元）

借：交易性金融资产　　　　　　　　　　　　　　　　2 010

　　贷款——本金　　　　　　　1 500（重组债权FV）

　　贷款损失准备　　　　　　　　　　　　　　　　400

　　　　（5 000−贷款FV4 600；或者已计提损失准备300+补提损失准备100）

　　贷：贷款——本金　　3 900（5 000−投资性房地产抵债金额1 100）

　　　　投资收益　　　　　　　　　　　　　　　　　　　10

2. 债务人的会计处理

该债务重组协议的执行过程和结果不确定性于2×25年5月9日消除

时，债务人清偿该部分债务的现时义务已经解除，可以确认债务重组相关损益，并按照修改后的条款确认新金融负债。

债务人 A 公司的账务处理如下：

（1）3 月 2 日：

借：固定资产清理　　　　　　　　　　　　　　　　　　800

　　累计折旧　　　　　　　　　　　　　　　　　　　　400

　贷：固定资产　　　　　　　　　　　　　　　　　　　1 200

借：长期借款——本金　　　　　　　　　　　　　　　　800

　　　　　（按固定资产 BV 冲减，因为执行过程和结果仍存在不确定性，

　　　　　　　　　　　　　　　不能确认债务重组相关损益）

　贷：固定资产清理　　　　　　　　　　　　　　　　　　800

（2）5 月 9 日：

借款的新现金流量现值 = 1 500×（1+8%）／（1+6%）= 1 528.5（万元）

现金流变化 =（1 528.5-1 500）/1 500 = 1.9% < 10%

因此，针对 1 500 万元本金部分的合同条款的修改不构成实质性修改，不终止确认该部分负债。

借：长期借款——本金

　　　　　　4 200（原债务余额 5 000-固定资产抵债 800）

　贷：股本　　　　　　　　　　　　　　　　　　　　　500

　　　资本公积　　1 510［（每股市价 4.02-每股面值 1）×股数 500］

　　　长期借款——本金　　　1 528.5（展期借款 1 500 万元的现值）

　　　其他收益——债务重组收益　　　　　　　　　　　661.5

本例中，即使没有"A 公司未能履行（1）、（2）所述偿债义务，B 银行有权终止债务重组协议，尚未履行的债权调整承诺随之失效"的条款，债务人仍然应当谨慎处理，考虑在债务的现时义务解除时终止确认原债务。

（二）税务处理

本例中，债权人 B 银行贷款的计税基础 5 000 万元大于债务清偿金额

4 500 万元（即房产抵债 1 000+债权转股权 2 000+展期债权 1 500），表明债权人 B 银行已经作出让步，符合税法债务重组的定义。

1. 债权人税务处理

（1）增值税

债权人 B 银行取得抵债用的房产，若取得 A 上市公司开具的增值税专用发票，可以抵扣增值税进项税额 1 000×9％＝90 万元。

（2）企业所得税

若适用一般性税务处理：

债权人 B 银行取得房产的计税基础为 1 000 万元，且作为税法中的"固定资产"处理。B 银行取得 A 上市公司股权投资的计税基础为 2 000 万元（即 4 元/股×500 万股）。B 银行免除的 500 万本金可以作为债务重组损失，在当期税前扣除。B 银行展期债权的计税基础为 1 500 万元。

根据《财政部　税务总局关于金融企业贷款损失准备金企业所得税税前扣除有关政策的公告》（财政部　税务总局公告 2019 年第 86 号）和《财政部　税务总局关于延长部分税收优惠政策执行期限的公告》（财政部　税务总局公告 2021 年第 6 号）的规定，准予税前提取贷款损失准备金的贷款资产范围包括贷款（含抵押、质押、保证、信用等贷款）；金融企业准予当年税前扣除的贷款损失准备金计算公式如下：

$$
\begin{aligned}
\text{准予当年税前扣除的} \atop \text{贷款损失准备金} = & {\text{本年末准予提取贷款损失} \atop \text{准备金的贷款资产余额}} \times 1\% \\
& - {\text{截至上年末已在税前扣除的} \atop \text{贷款损失准备金的余额}}
\end{aligned}
$$

金融企业按上述公式计算的数额如为负数，应当相应调增当年应纳税所得额。

金融企业的委托贷款、代理贷款、国债投资、应收股利、上交央行准备金以及金融企业剥离的债权和股权、应收财政贴息、央行款项等不承担风险和损失的资产，不得提取贷款损失准备金在税前扣除。金融企业发生的符合条件的贷款损失，应先冲减已在税前扣除的贷款损失准备金，不足冲减部分可据实在计算当年应纳税所得额时扣除。

根据上述规定，债权人 B 银行计提的贷款损失准备可以税前扣除的金额为 5 000×1% = 50 万元。考虑到 2×25 年 1~3 月计提的贷款损失准备又在 5 月 9 日冲销，所以 B 银行的贷款损失准备不涉及纳税调整。

B 银行的债务重组损失 = 银行贷款的计税基础 5 000 − 债务清偿金额 4 500 万元（房产抵债 1 000 + 债权转股权 2 000 + 展期债权 1 500）= 500 万元。

若适用特殊性税务处理：

特殊性税务处理要求债权转股权，对债务清偿和股权投资两项业务暂不确认有关债务清偿所得或损失。本例中，债权转股权过程中，股权的计税基础以原债权的计税基础 2 000 万元确定，且与一般性税务处理中股权的计税基础为股票的公允价值 2 000 万元相等。所以，债权转股权的债务清偿损失 = 对应债权的计税基础 − 股票的公允价值 = 2 000 − 2 000 = 0。

B 银行的债务重组损失 = 剔除债转股后的银行贷款的计税基础 3 000 − 债务清偿金额 2 500 万元（房产抵债 1 000 + 展期债权 1 500）= 500 万元。

（3）印花税

债权人 B 银行贷款给 A 公司，需要按印花税的"借款合同"税目计算缴纳印花税，计税依据为合同所列金额（不含增值税），应纳税额 = 5 000 万元×0.05‰ = 2 500 元。B 银行取得抵债的房产，需要按印花税的"产权转移书据"税目计算缴纳印花税，计税依据为产权转移书据所列金额（不含增值税），应纳税额 = 2 000 万元×0.5‰ = 10 000 元。值得注意的是，根据《财政部 税务总局关于继续实施银行业金融机构、金融资产管理公司不良债权以物抵债有关税收政策的公告》（财政部 税务总局公告 2023 年第 35 号）规定，对银行业金融机构、金融资产管理公司接收、处置抵债资产过程中涉及的合同、产权转移书据和营业账簿免征印花税，对合同或产权转移书据其他各方当事人应缴纳的印花税照章征收。如果 B 银行取得抵债的房产符合财政部、税务总局公告 2023 年第 35 号文件规定的免税条件（即抵债不动产、抵债资产，是指经人民法院判决裁定或仲裁机构仲裁的抵债不动产、抵债资产），则取得的房产无须缴纳印花税。B 银行取得定向增发的股票不属于印花税的征税范围，不涉及印花税。

（4）契税

B 银行取得抵债房产，属于房屋买卖行为，承受方为契税的纳税人。因此，B 银行需要缴纳契税，计税依据为房屋权属转移合同确定的成交价格。《契税法》第三条规定，契税税率为 3%~5%。契税的具体适用税率，由省、自治区、直辖市人民政府在前款规定的税率幅度内提出，报同级人民代表大会常务委员会决定，并报全国人民代表大会常务委员会和国务院备案。省、自治区、直辖市可以依照前款规定的程序对不同主体、不同地区、不同类型的住房的权属转移确定差别税率。假定本例适用的税率为 3%，则应纳税额 = 1 000×3% = 30 万元。

值得注意的是，根据《财政部　税务总局关于继续实施银行业金融机构、金融资产管理公司不良债权以物抵债有关税收政策的公告》（财政部　税务总局公告 2023 年第 35 号）规定，对银行业金融机构、金融资产管理公司接收抵债资产免征契税。如果 B 银行取得抵债的房产符合财政部　税务总局公告 2023 年第 35 号文件规定的免税条件（即抵债不动产、抵债资产，是指经人民法院判决裁定或仲裁机构仲裁的抵债不动产、抵债资产），则取得的房产无须缴纳契税。

2. 债务人税务处理

（1）增值税

债务人 A 公司转让用于抵债的房产，需要缴纳增值税。根据《国家税务总局关于发布〈纳税人转让不动产增值税征收管理暂行办法〉的公告》（国家税务总局公告 2016 年第 14 号）第三条规定，一般纳税人转让其取得的不动产，按照以下规定缴纳增值税：

①一般纳税人转让其 2016 年 4 月 30 日前取得（不含自建）的不动产，可以选择适用简易计税方法计税，以取得的全部价款和价外费用扣除不动产购置原价或者取得不动产时的作价后的余额为销售额，按照 5% 的征收率计算应纳税额。纳税人应按照上述计税方法向不动产所在地主管税务机

关预缴税款，向机构所在地主管税务机关申报纳税。

②一般纳税人转让其 2016 年 4 月 30 日前自建的不动产，可以选择适用简易计税方法计税，以取得的全部价款和价外费用为销售额，按照 5% 的征收率计算应纳税额。纳税人应按照上述计税方法向不动产所在地主管税务机关预缴税款，向机构所在地主管税务机关申报纳税。

③一般纳税人转让其 2016 年 4 月 30 日前取得（不含自建）的不动产，选择适用一般计税方法计税的，以取得的全部价款和价外费用为销售额计算应纳税额。纳税人应以取得的全部价款和价外费用扣除不动产购置原价或者取得不动产时的作价后的余额，按照 5% 的预征率向不动产所在地主管税务机关预缴税款，向机构所在地主管税务机关申报纳税。

④一般纳税人转让其 2016 年 4 月 30 日前自建的不动产，选择适用一般计税方法计税的，以取得的全部价款和价外费用为销售额计算应纳税额。纳税人应以取得的全部价款和价外费用，按照 5% 的预征率向不动产所在地主管税务机关预缴税款，向机构所在地主管税务机关申报纳税。

⑤一般纳税人转让其 2016 年 5 月 1 日后取得（不含自建）的不动产，适用一般计税方法，以取得的全部价款和价外费用为销售额计算应纳税额。纳税人应以取得的全部价款和价外费用扣除不动产购置原价或者取得不动产时的作价后的余额，按照 5% 的预征率向不动产所在地主管税务机关预缴税款，向机构所在地主管税务机关申报纳税。

⑥一般纳税人转让其 2016 年 5 月 1 日后自建的不动产，适用一般计税方法，以取得的全部价款和价外费用为销售额计算应纳税额。纳税人应以取得的全部价款和价外费用，按照 5% 的预征率向不动产所在地主管税务机关预缴税款，向机构所在地主管税务机关申报纳税。

假定 A 公司的房产属于 2016 年 5 月 1 日后外购（外购时不含税的价款为 1 200 万元）的不动产，则适用一般计税方法，应以 1 000 万元（不含增值税）为销售额计算应纳税额。A 公司应先向不动产所在地主管税务机关预缴税款 =（1 000 - 1 200）×5% = -10 万元。因为是负数，所以不用预缴。再向机构所在地主管税务机关申报增值税销项 1 000×9% = 90 万元。

（2）企业所得税

若适用一般性税务处理：

债务人 A 公司用房产清偿债务，应确认房产转让所得 = 债务清偿金额 - 房产计税基础 = 1 000 - （1 200 - 400）= 200 万元。

债务人 A 公司确认的债务重组所得 = 债务的计税基础 - 债务清偿金额 = 5 000 - （房产抵债 1 000 + 增发股票 2 000 + 展期债权 1 500）= 500 万元。

若适用特殊性税务处理：

A 公司针对 B 银行的债权转股权，对债务清偿和股权投资两项业务暂不确认有关债务清偿所得或损失。A 公司针对 B 银行债权转股权确认的债务清偿所得 = 对应债务的计税基础 2 000 - 股票的公允价值 2 000 = 0。即本例中，即便针对债权转股权考虑确认债务清偿所得，债务清偿所得也为 0，与暂不确认债务清偿所得的结果相同。

A 公司的债务重组所得 = 剔除债转股后债务的计税基础 3 000 - 债务清偿金额 2 500 万元（房产抵债 1 000 + 展期债权 1 500）= 500 万元。

若 A 公司债务重组确认的应纳税所得额占其当年应纳税所得额 50% 以上，可以在 5 个纳税年度的期间内，均匀计入各年度的应纳税所得额。即 A 公司可以将债务重组所得 500 万元，分 5 年均匀计入各年的应纳税所得额，每年计入 100（500÷5）万元。

（3）印花税

债务人 A 公司取得债权人 B 的银行贷款，需要按印花税的"借款合同"税目计算缴纳印花税，计税依据为合同所列金额（不含增值税），应纳税额 = 5 000 万元 × 0.05‰ = 2 500 元。A 公司转让用于抵债的房产，需要按印花税的"产权转移书据"税目计算缴纳印花税，计税依据为产权转移书据所列金额（不含增值税），应纳税额 = 2 000 万元 × 0.5‰ = 10 000 元。A 公司定向增发股票，需要按"营业账簿"税目计算缴纳印花税，计税依据为账簿记载的股本、资本公积合计金额，应纳税额 = （500 + 1 510）万元 × 0.25‰ = 5 025 元。

（4）土地增值税

债务人 A 公司转让用于抵债的房产，属于土地增值税的征税范围。土地增值税的计税依据是转让房地产所取得的增值额，即转让房地产的收入减去税法规定的扣除项目金额后的余额。该增值额取决于转让房地产的收入和扣除项目金额两个因素。本例中，A 公司属于转让存量房产（卖旧房），其转让收入为 1 000 万元，其扣除项目包括：房屋及建筑物的评估价格（评估价格＝房地产的重置成本×成新度折扣率）；取得土地使用权所支付的金额和按国家统一规定缴纳的有关费用；转让环节缴纳的税款（含印花税、城市维护建设税、教育费附加和地方教育附加）。

土地增值税以转让房地产的增值额为税基，依据超率累进税率，计算应纳税额。计算的方法是：首先，以出售房地产的总收入减去扣除项目金额，求得增值额；其次，将增值额除以扣除项目金额，得到土地增值率；最后，根据增值率高低确定适用税率（财法字〔1995〕6 号）。土地增值税应纳税额的计算公式为：

土地增值税应纳税额＝增值额×适用税率－扣除项目金额×速算扣除系数

A 公司应按上述公式计算缴纳土地增值税。

（5）城市维护建设税、教育费附加和地方教育附加

本例中，债务人 A 公司转让房地产需要缴纳增值税，也需要按实际缴纳的增值税计算城市维护建设税（市区 7%，县城、镇 5%，其他地区 1%）、教育费附加（3%）和地方教育附加（2%）。

【例 5-12】　甲公司 2×24 年发生交易或事项如下：

（1）2×24 年 6 月 5 日，甲公司与乙公司签订的债务重组协议约定，甲公司以其库存商品、对丙公司的债务工具投资偿还所欠乙公司债务，在乙公司收到甲公司的偿债资产并办理债务工具转让登记手续后，双方解除债权债务。

甲公司所欠乙公司债务系 2×22 年 12 月乙公司赊销给甲公司一套大型机械设备，含税价款是 1 500 万元。因该设备与甲公司现有设备不匹配，需要对现有设备进行升级改造，但因缺乏资金，甲公司尚未对现有设备进行升级改造。

2×24 年 7 月 10 日，甲公司用于清偿债务的商品已送达乙公司并经乙公司验收入库，同时，办理完成了转让丙公司债务工具投资的过户手续。当日，甲公司用于抵债的存货账面余额 400 万元，已计提存货跌价准备 50 万元，公允价值 360 万元（不含增值税额，下同）；用于抵债的金融资产（丙公司债务工具投资），甲公司将其分类为以公允价值计量且其变动计入其他综合收益的金融资产，其账面价值为 1 000 万元（初始取得成本为 920 万元，持有期间计入其他综合收益的金额为 80 万元），公允价值 950 万元（与债务重组协议签订日的公允价值相同）。

截至 2×24 年 7 月 10 日，乙公司将该债权作为应收账款核算并已计提减值准备 498.6 万元，2×24 年 7 月 10 日该债权的公允价值是 1 358.6 万元。乙公司取得用于抵债的商品后作为存货处理，取得金融资产后，根据管理该投资的业务模式以及其现金流量特征，将其划分为以摊余成本计量的金融资产。

（2）丁公司是甲的母公司，丁公司应收甲公司货款 1 100 万元。2×24 年 12 月 1 日，甲公司与丁公司签订债务重组协议，协议约定丁公司豁免甲公司所欠 1 000 万元货款，剩余货款于 12 月 31 日前支付。2×24 年 12 月 31 日，甲公司支付了剩余债务 100 万元。

其他资料：①甲公司将所欠乙公司债务分类为以摊余成本计量的金融负债。甲公司用于抵债的库存商品适用的增值税率是 13%，金融资产的增值税率是 6%（依据金融资产公允价值与取得时成本的差额计税）；②不考虑货币时间价值；③不考虑除增值税以外的相关税费。

要求：

（1）判断甲公司用于清偿债务的资产应予以终止确认的时点，并说明理由；分别计算甲、乙公司确认债务重组损益的金额；分析甲、乙公司与债务重组相关的会计处理和税务处理。

（2）根据资料（2），说明丁公司对甲公司豁免债务的会计处理方法，分析甲公司与债务重组相关的会计处理和税务处理。

（一）会计处理

1. 第（1）题的会计处理

（1）债务人的会计处理

债务人甲公司用于清偿债务的资产应予以终止确认的时点：2×24 年 7 月 10 日。

理由：当日双方办理完成了资产转移手续，乙公司可以控制取得的抵债资产。

债务人甲公司确认的重组损益 = 清偿债务账面价值 1 500 - 转让资产账面价值 [350 + 1 000 + 360 × 13% + （950 - 920）× 6%] + 其他综合收益结转 80 = 181.4（万元）。

债权人乙公司确认的债务重组损益 = 放弃债权的公允价值 1 358.6 - 放弃债权的账面价值（1 500 - 498.6）= 357.2（万元）。

债务人甲公司的会计处理：

借：应付账款		1 500
存货跌价准备		50
其他综合收益		80
贷：库存商品		400
其他债权投资		1 000
应交税费——应交增值税（销项税额）		46.8
——转让金融商品应交增值税		1.8
其他收益		181.4

（2）债权人的会计处理

债权人乙公司的会计处理：

借：库存商品 360 [1 358.6-46.8-（950+1.8）]

债权投资 951.8（950+1.8）

应交税费——应交增值税（进项税额） 46.8

坏账准备 498.6

贷：应收账款 1 500

投资收益 357.2

2. 第（2）题的会计处理

母公司豁免的部分实质上构成了对甲公司的资本性投入，母公司（丁公司）层面应将所豁免的债权转为对子公司追加的投资成本，计入长期股权投资成本；子公司（甲公司）应将所豁免的债务转入资本公积。

（1）母公司的会计处理

母公司（丁公司）的会计处理如下：

①2×24 年 12 月 1 日：

借：长期股权投资/其他权益工具投资 1 000

贷：应收账款 1 000

②2×24 年 12 月 31 日：

借：银行存款 100

贷：应收账款 100

（2）子公司的会计处理

①2×24 年 12 月 1 日：

借：应付账款 1 000

贷：资本公积 1 000

②2×24 年 12 月 31 日：

借：应付账款 100

贷：银行存款 100

（二）税务处理

1. 第（1）题的税务处理

本例中，债权人乙公司债权的计税基础 1 500 万元大于债务清偿金额 1 358.6 万元［抵债库存商品的含税公允价值 360×（1+13%）+其他债权投资公允价值 950+其他债权投资应交增值税 1.8］，表明债权人乙公司已经作出让步，符合税法中债务重组的定义。

（1）债权人的税务处理

①增值税

2×22 年 12 月，债权人乙公司赊销给甲公司一项大型机械设备，含税价款 1 500 万元，应计算增值税销项税额 1 500÷（1+13%）×13%=172.57 万元。债权人乙公司取得库存商品取得的增值税专用发票，可以作为进项抵扣 46.8（360×13%）万元。

②企业所得税

债权人乙公司针对应收账款计提的减值准备 498.6 万元，不得在税前扣除，应在计提减值准备的当年纳税调增处理。

债权人乙公司取得用于抵债的库存商品的计税基础为 360 万元（该资产的公允价值 360+支付的相关税费 0），债权投资的计税基础为 950 万元（该资产的公允价值 950+支付的相关税费 0）。

债权人乙公司确认的债务重组损失=债权的计税基础 1 500 万元−债务清偿金额 1 358.6 万元［抵债库存商品的含税公允价值 360×（1+13%）+其他债权投资公允价值 950+其他债权投资应交增值税 1.8］=141.4 万元。

③印花税

2×22 年 12 月，债权人乙公司赊销给甲公司的大型机械设备，属于印花税中的"买卖合同"税目，需要缴纳印花税 1 500 万元÷（1+13%）×0.3‰=3 982 元。2×24 年 6 月 15 日债权人乙公司签订重组协议受让抵债用的库存商品，属于印花税中的"买卖合同"税目，需要缴纳印花税 360 万元×0.3‰=1 080 元。

（2）债务人的税务处理

①增值税

2×24 年 7 月 10 日，债务人甲公司将库存商品用于抵债，需要计算增值税销项税额 46.8 万元（360×13%）；债务人甲公司将其他债权投资用于抵债，其他债权投资为债务工具（如有价债券），属于"转让金融商品"，应纳税额＝（转让价 950-买入价 920）×6%＝1.8 万元。

②企业所得税

一般性税务处理：

债务人甲公司将库存商品用于抵债，应确认的资产转让所得＝库存商品的公允价值 360-库存商品的计税基础 400＝-40 万元，债务人甲公司将其他债权投资用于抵债，应确认的资产转让所得＝其他债权投资的公允价值 950-其他债权投资的计税基础 920＝30 万元。

债务人甲公司确认的债务重组所得＝债务的计税基础 1 500-债务清偿金额 1 358.6 ［抵债库存商品的含税公允价值 360×（1+13%）+抵债其他债权投资公允价值 950+抵债其他债权投资应交增值税 1.8］＝141.4 万元。

特殊性税务处理：

若债务人甲公司适用特殊性税务处理，且债务重组确认的应纳税所得额占甲公司当年应纳税所得额 50%以上，可以在 5 个纳税年度的期间内，均匀计入各年度的应纳税所得额，即甲公司的债务重组所得 141.4 万元，可以在 5 个纳税年度内，每年计入应纳税所得额的金额＝141.4÷5＝28.28 万元。

③印花税

2×22 年 12 月，债务人甲公司赊购乙公司的大型机械设备，属于印花税中的"买卖合同"税目，需要缴纳印花税 1 500 万元÷（1+13%）×0.3‰＝3 982 元。2×24 年 6 月 15 日债务人甲公司签订重组协议转让库存商品用于抵债，属于印花税中的"买卖合同"税目，需要缴纳印花税 360 万元×0.3‰＝1 080 元。

④城市维护建设税、教育费附加和地方教育附加

本例中，债务人甲公司转让库存商品、其他债权投资（金融商品）用

于抵债，需要缴纳增值税，也需要按实际缴纳的增值税计算城市维护建设税（市区 7%，县城、镇 5%，其他地区 1%）、教育费附加（3%）和地方教育附加（2%）。

2. 第（2）题的税务处理

假设债务重组协议豁免货款不作为资本金，而是作为赠与，则双方税务处理如下：

（1）母公司的税务处理

母公司（丁公司）的税务处理用会计语言来表述如下：

借：银行存款   100

  营业外支出   1 000

 贷：应收账款   1 100

母公司（丁公司）发生的 1 000 万元损失不允许税前扣除，需要纳税调增。

（2）子公司的税务处理

子公司（甲公司）的税务处理用会计语言来表述如下：

借：应付账款   1 100

 贷：银行存款   100

  营业外收入   1 000

甲公司确认 1 000 万元的利得需要计入应纳税所得额，缴纳企业所得税。

附　录

附录1　企业会计准则第 12 号——债务重组

第一章　总则

第一条　为了规范债务重组的确认、计量和相关信息的披露，根据《企业会计准则——基本准则》，制定本准则。

第二条　债务重组，是指在不改变交易对手方的情况下，经债权人和债务人协定或法院裁定，就清偿债务的时间、金额或方式等重新达成协议的交易。

本准则中的债务重组涉及的债权和债务是指《企业会计准则第 22 号——金融工具确认和计量》规范的金融工具。

第三条　债务重组一般包括下列方式，或下列一种以上方式的组合：

（一）债务人以资产清偿债务；

（二）债务人将债务转为权益工具；

（三）除本条第一项和第二项以外，采用调整债务本金、改变债务利息、变更还款期限等方式修改债权和债务的其他条款，形成重组债权和重组债务。

第四条　本准则适用于所有债务重组，但下列各项适用其他相关会计准则：

（一）债务重组中涉及的债权、重组债权、债务、重组债务和其他金融工具的确认、计量和列报，分别适用《企业会计准则第 22 号——金融工具确认和计量》和《企业会计准则第 37 号——金融工具列报》。

（二）通过债务重组形成企业合并的，适用《企业会计准则第 20 号——企业合并》。

（三）债权人或债务人中的一方直接或间接对另一方持股且以股东身份进行债务重组的，或者债权人与债务人在债务重组前后均受同一方或相同的多方最终控制，且该债务重组的交易实质是债权人或债务人进行了权益性分配或接受了权益性投入的，适用权益性交易的有关会计处理规定。

第二章　债权人的会计处理

第五条　以资产清偿债务或者将债务转为权益工具方式进行债务重组的，债权人应当在相关资产符合其定义和确认条件时予以确认。

第六条　以资产清偿债务方式进行债务重组的，债权人初始确认受让的金融资产以外的资产时，应当按照下列原则以成本计量：

存货的成本，包括放弃债权的公允价值和使该资产达到当前位置和状态所发生的可直接归属于该资产的税金、运输费、装卸费、保险费等其他成本。

对联营企业或合营企业投资的成本，包括放弃债权的公允价值和可直接归属于该资产的税金等其他成本。

投资性房地产的成本，包括放弃债权的公允价值和可直接归属于该资产的税金等其他成本。

固定资产的成本，包括放弃债权的公允价值和使该资产达到预定可使用状态前所发生的可直接归属于该资产的税金、运输费、装卸费、安装费、专业人员服务费等其他成本。

生物资产的成本，包括放弃债权的公允价值和可直接归属于该资产的税金、运输费、保险费等其他成本。

无形资产的成本，包括放弃债权的公允价值和可直接归属于使该资产达到预定用途所发生的税金等其他成本。

放弃债权的公允价值与账面价值之间的差额，应当计入当期损益。

第七条　将债务转为权益工具方式进行债务重组导致债权人将债权转

为对联营企业或合营企业的权益性投资的，债权人应当按照本准则第六条的规定计量其初始投资成本。放弃债权的公允价值与账面价值之间的差额，应当计入当期损益。

第八条　采用修改其他条款方式进行债务重组的，债权人应当按照《企业会计准则第 22 号——金融工具确认和计量》的规定，确认和计量重组债权。

第九条　以多项资产清偿债务或者组合方式进行债务重组的，债权人应当首先按照《企业会计准则第 22 号——金融工具确认和计量》的规定确认和计量受让的金融资产和重组债权，然后按照受让的金融资产以外的各项资产的公允价值比例，对放弃债权的公允价值扣除受让金融资产和重组债权确认金额后的净额进行分配，并以此为基础按照本准则第六条的规定分别确定各项资产的成本。放弃债权的公允价值与账面价值之间的差额，应当计入当期损益。

第三章　债务人的会计处理

第十条　以资产清偿债务方式进行债务重组的，债务人应当在相关资产和所清偿债务符合终止确认条件时予以终止确认，所清偿债务账面价值与转让资产账面价值之间的差额计入当期损益。

第十一条　将债务转为权益工具方式进行债务重组的，债务人应当在所清偿债务符合终止确认条件时予以终止确认。债务人初始确认权益工具时应当按照权益工具的公允价值计量，权益工具的公允价值不能可靠计量的，应当按照所清偿债务的公允价值计量。所清偿债务账面价值与权益工具确认金额之间的差额，应当计入当期损益。

第十二条　采用修改其他条款方式进行债务重组的，债务人应当按照《企业会计准则第 22 号——金融工具确认和计量》和《企业会计准则第 37 号——金融工具列报》的规定，确认和计量重组债务。

第十三条　以多项资产清偿债务或者组合方式进行债务重组的，债务人应当按照本准则第十一条和第十二条的规定确认和计量权益工具和重组债务，所清偿债务的账面价值与转让资产的账面价值以及权益工具和重组债务的确认金额之和的差额，应当计入当期损益。

第四章　披露

第十四条　债权人应当在附注中披露与债务重组有关的下列信息：

（一）根据债务重组方式，分组披露债权账面价值和债务重组相关损益。

（二）债务重组导致的对联营企业或合营企业的权益性投资增加额，以及该投资占联营企业或合营企业股份总额的比例。

第十五条　债务人应当在附注中披露与债务重组有关的下列信息：

（一）根据债务重组方式，分组披露债务账面价值和债务重组相关损益。

（二）债务重组导致的股本等所有者权益的增加额。

第五章　衔接规定

第十六条　企业对 2019 年 1 月 1 日至本准则施行日之间发生的债务重组，应根据本准则进行调整。企业对 2019 年 1 月 1 日之前发生的债务重组，不需要按照本准则的规定进行追溯调整。

第六章　附则

第十七条　本准则自 2019 年 6 月 17 日起施行。

第十八条　2006 年 2 月 15 日财政部印发的《财政部关于印发〈企业会计准则第 1 号——存货〉等 38 项具体准则的通知》（财会〔2006〕3 号）中的《企业会计准则第 12 号——债务重组》同时废止。

财政部此前发布的有关债务重组会计处理规定与本准则不一致的，以本准则为准。

附录 2　企业债务重组主要税收优惠政策指引 *

一　企业所得税

【适用主体】

居民企业。

【适用情形】

债务重组，是指在债务人发生财务困难的情况下，债权人按照其与债务人达成的书面协议或法院裁定书，就其债务人的债务作出让步的事项。

【政策内容】

1. 一般性税务处理规定。

①减免债务。

债务人按照支付的债务清偿额低于债务计税基础的差额，确认债务重组所得。债权人按照收到的债务清偿额低于债权计税基础的差额，确认债务重组损失。

②以非货币资产清偿债务。

债务人应将上述事项分解为转让相关非货币性资产、按非货币性资产公允价值清偿债务两项业务，确认相关资产的所得或损失。债权人按照接受的非货币资产公允价值低于债权计税基础的差额确认债务重组损失，并按照接受的非货币资产公允价值确认其计税基础。

③债权转股权。

上述事项应分解为债务清偿和股权投资两项业务，其中债务人按照债务转为资本部分公允价值低于债务计税基础的差额，确认债务重组所得；债权人按照债权转为股权部分公允价值低于债权计税基础的差额确认债务重组损失，并按照股权投资的公允价值确定其计税基础。

---

*　根据财政部和税务总局 2024 年 8 月发布的《企业兼并重组主要税收优惠政策指引》整理。

④债务人的相关所得税纳税事项原则上保持不变。

2. 特殊性税务处理规定。

债务重组适用特殊性税务处理的条件包括：①具有合理的商业目的，且不以减少、免除或者推迟缴纳税款为主要目的。②企业重组后的连续12个月内不改变重组资产原来的实质性经营活动。③企业重组中取得股权支付的原主要股东，在重组后连续12个月内，不得转让所取得的股权。

具体处理规定如下：

①若债务人企业债务重组确认的应纳税所得额占该企业当年应纳税所得额50%以上，则其债务重组所得可以在5个纳税年度的期间内，均匀计入各年度的应纳税所得额。

②企业发生债权转股权业务的，债务人对债务清偿业务暂不确认所得，企业的其他相关所得税事项保持不变。债权人对债权转股权业务暂不确认损失，股权投资的计税基础以原债权的计税基础确定。企业的其他相关所得税事项保持不变。

【执行要求】

1. 适用一般性税务处理的留存备查资料。

（1）以非货币资产清偿债务的，应保留当事各方签订的清偿债务的协议或合同，以及非货币资产公允价格确认的合法证据等。

（2）债权转股权的，应保留当事各方签订的债权转股权协议或合同。

2. 适用特殊性税务处理应报送的资料。

（1）基本资料。

①重组各方应在该重组业务完成当年，办理企业所得税年度申报时，分别向各自主管税务机关报送《企业重组所得税特殊性税务处理报告表及附表》和其他申报资料。重组主导方申报后，其他当事方向其主管税务机关办理纳税申报。申报时还应附送重组主导方经主管税务机关受理的《企业重组所得税特殊性税务处理报告表及附表》（复印件）。

②适用财税〔2009〕59号第五条第（三）项和第（五）项的当事各

方应在完成重组业务后的下一年度的企业所得税年度申报时，向主管税务机关提交书面情况说明，以证明企业在重组后的连续 12 个月内，有关符合特殊性税务处理的条件未发生改变。

③企业重组业务适用特殊性税务处理的，申报时，当事各方还应向主管税务机关提交重组前连续 12 个月内有无与该重组相关的其他股权、资产交易情况的说明，并说明这些交易与该重组是否构成分步交易，是否作为一项企业重组业务进行处理。

（2）其他申报资料。

①债务重组的总体情况说明，包括债务重组方案、基本情况、债务重组所产生的应纳税所得额，并逐条说明债务重组的商业目的；以非货币资产清偿债务的，还应包括企业当年应纳税所得额情况；

②清偿债务或债权转股权的合同（协议）或法院裁定书，需有权部门（包括内部和外部）批准的，应提供批准文件；

③债权转股权的，提供相关股权评估报告或其他公允价值证明；以非货币资产清偿债务的，提供相关资产评估报告或其他公允价值证明；

④重组前连续 12 个月内有无与该重组相关的其他股权、资产交易，与该重组是否构成分步交易、是否作为一项企业重组业务进行处理情况的说明；

⑤重组当事各方一致选择特殊性税务处理并加盖当事各方公章的证明资料；

⑥债权转股权的，还应提供工商管理部门等有权机关登记的相关企业股权变更事项的证明材料，以及债权人 12 个月内不转让所取得股权的承诺书；

⑦按会计准则规定当期应确认资产（股权）转让损益的，应提供按税法规定核算的资产（股权）计税基础与按会计准则规定核算的相关资产（股权）账面价值的暂时性差异专项说明。

【政策依据】

1.《财政部　国家税务总局关于企业重组业务企业所得税处理若干问题的通知》（财税〔2009〕59 号）

2. 《国家税务总局关于发布〈企业重组业务企业所得税管理办法〉的公告》（国家税务总局公告 2010 年第 4 号）

3. 《财政部　国家税务总局关于促进企业重组有关企业所得税处理问题的通知》（财税〔2014〕109 号）

4. 《国家税务总局关于企业重组业务企业所得税征收管理若干问题的公告》（国家税务总局公告 2015 年第 48 号）

二　增值税

【适用主体】

增值税纳税人。

【适用情形】

纳税人在资产重组过程中，通过合并、分立、出售、置换等方式，将全部或者部分实物资产以及与其相关联的债权、负债和劳动力一并转让给其他单位和个人。

【政策内容】

1. 纳税人在资产重组过程中，通过合并、分立、出售、置换等方式，将全部或者部分实物资产以及与其相关联的债权、负债和劳动力一并转让给其他单位和个人，不属于增值税的征税范围，其中涉及的货物、不动产、土地使用权转让，不征收增值税。

2. 纳税人在资产重组过程中，通过合并、分立、出售、置换等方式，将全部或者部分实物资产以及与其相关联的债权、负债经多次转让后，最终的受让方与劳动力接收方为同一单位和个人的，仍适用《国家税务总局关于纳税人资产重组有关增值税问题的公告》（国家税务总局公告 2011 年第 13 号）的相关规定，其中货物的多次转让行为均不征收增值税。资产的出让方需将资产重组方案等文件资料报其主管税务机关。

3. 增值税一般纳税人（以下称"原纳税人"）在资产重组过程中，将全部资产、负债和劳动力一并转让给其他增值税一般纳税人（以下称"新纳税人"），并按程序办理注销税务登记的，其在办理注销登记前尚未抵扣的进项税额可结转至新纳税人处继续抵扣。

【执行要求】

1. 纳税人进行资产重组时，其转让的实物资产对应的债权、负债和劳动力等必须一并转让，三者缺一不可，否则不符合不征收增值税规定，应依法计算缴纳增值税。

2. 涉及增值税进项留抵税额转移的资产重组行为，重组双方均应为增值税一般纳税人，原纳税人应按程序办理注销税务登记。原纳税人未按程序办理注销税务登记的，其增值税进项留抵税额不能转移至新纳税人。

【政策依据】

1. 《国家税务总局关于纳税人资产重组有关增值税问题的公告》（国家税务总局公告 2011 年第 13 号）

2. 《国家税务总局关于纳税人资产重组有关增值税问题的公告 》（国家税务总局公告 2013 年第 66 号）

3. 《财政部　国家税务总局关于全面推开营业税改征增值税试点的通知》（财税〔2016〕36 号附件 2）

三　契税

债权转股权

【适用主体】

依照我国有关法律法规设立并在中国境内注册的企业。

【适用情形】

经国务院批准实施债权转股权的企业。

【政策内容】

经国务院批准实施债权转股权的企业，对债权转股权后新设立的公司承受原企业的土地、房屋权属，免征契税。

【执行要求】

企业在提请享受上述契税优惠政策时，应向主管税务机关提交相关资料，包括：国务院批准实施债权转股权文件。

【政策依据】

《财政部　税务总局关于继续实施企业、事业单位改制重组有关契税政策的公告》（财政部　税务总局公告 2023 年第 49 号）

四　印花税

【适用主体】

经县级以上人民政府及企业主管部门批准改制的企业。

【适用情形】

1. 企业改制，具体包括非公司制企业改制为有限责任公司或者股份有限公司，有限责任公司变更为股份有限公司，股份有限公司变更为有限责任公司。同时，原企业投资主体存续并在改制（变更）后的公司中所持股权（股份）比例超过 75%，且改制（变更）后公司承继原企业权利、义务。

2. 企业重组，包括合并、分立、其他资产或股权出资和划转、债务重组等。

合并，是指两个或两个以上的公司，依照法律规定、合同约定，合并为一个公司，且原投资主体存续。母公司与其全资子公司相互吸收合并的，适用该款规定。

分立，是指公司依照法律规定、合同约定分立为两个或两个以上与原公司投资主体相同的公司。

3. 投资主体存续，是指原改制、重组企业出资人必须存在于改制、重组后的企业，出资人的出资比例可以发生变动。

投资主体相同，是指公司分立前后出资人不发生变动，出资人的出资比例可以发生变动。

4. 事业单位改制，是指事业单位按照国家有关规定改制为企业，原出资人（包括履行国有资产出资人职责的单位）存续并在改制后的企业中出资（股权、股份）比例超过 50%。

5. 同一投资主体内部，包括母公司与其全资子公司之间，同一公司所属全资子公司之间，同一自然人与其设立的个人独资企业、一人有限公司、个体工商户之间。

6. 企业、公司，是指依照我国有关法律法规设立并在中国境内注册的企业、公司。

【政策内容】

自 2024 年 10 月 1 日起执行至 2027 年 12 月 31 日：

1. 关于营业账簿的印花税

（1）企业改制重组以及事业单位改制过程中成立的新企业，其新启用营业账簿记载的实收资本（股本）、资本公积合计金额，原已缴纳印花税的部分不再缴纳印花税，未缴纳印花税的部分和以后新增加的部分应当按规定缴纳印花税。

（2）企业债权转股权新增加的实收资本（股本）、资本公积合计金额，应当按规定缴纳印花税。对经国务院批准实施的重组项目中发生的债权转股权，债务人因债务转为资本而增加的实收资本（股本）、资本公积合计金额，免征印花税。

（3）企业改制重组以及事业单位改制过程中，经评估增加的实收资本（股本）、资本公积合计金额，应当按规定缴纳印花税。

（4）企业其他会计科目记载的资金转为实收资本（股本）或者资本公积的，应当按规定缴纳印花税。

2. 关于各类应税合同的印花税

企业改制重组以及事业单位改制前书立但尚未履行完毕的各类应税合同，由改制重组后的主体承继原合同权利和义务且未变更原合同计税依据的，改制重组前已缴纳印花税的，不再缴纳印花税。

3. 关于产权转移书据的印花税

对企业改制、合并、分立、破产清算以及事业单位改制书立的产权转移书据，免征印花税。

对县级以上人民政府或者其所属具有国有资产管理职责的部门按规定对土地使用权、房屋等建筑物和构筑物所有权、股权进行行政性调整书立的产权转移书据，免征印花税。

对同一投资主体内部划转土地使用权、房屋等建筑物和构筑物所有权、股权书立的产权转移书据，免征印花税。

【执行要求】

纳税人享受印花税优惠政策，实行"自行判别、申报享受、有关资料留存备查"的办理方式。纳税人对留存备查资料的真实性、完整性和合法性承担法律责任。

【政策依据】

《财政部　税务总局关于企业改制重组及事业单位改制有关印花税政策的公告》（财政部　税务总局公告 2024 年第 14 号）

附录 3　支持企业债务重组税收政策和征管文件汇编*

第一部分　企业所得税政策文件

1.《财政部　国家税务总局关于企业重组业务企业所得税处理若干问题的通知》(财税〔2009〕59 号)

2.《国家税务总局关于发布〈企业重组企业所得税管理办法〉的公告》(国家税务总局公告 2010 年第 4 号)

3.《国家税务总局关于企业重组业务企业所得税征收管理若干问题的公告》(国家税务总局公告 2015 年第 48 号)

第二部分　增值税政策文件

1.《国家税务总局关于纳税人资产重组有关增值税问题的公告》(国家税务总局公告 2011 年第 13 号)

2.《国家税务总局关于纳税人资产重组有关增值税问题的公告》(国家税务总局公告 2013 年第 66 号)

3.《财政部　国家税务总局关于全面推开营业税改征增值税试点的通知》(财税〔2016〕36 号)(节选)

第三部分　契税政策文件

《财政部　税务总局关于继续实施企业、事业单位改制重组有关契税政策的公告》(财政部　税务总局公告 2023 年第 49 号)

第四部分　印花税政策文件

《财政部　国家税务总局关于企业改制过程中有关印花税政策的通知》(财税〔2003〕183 号)

---

　* 根据财政部和税务总局 2024 年 7 月发布的《我国支持企业兼并重组税收政策和征管文件汇编》整理。

第一部分　企业所得税政策文件

财政部　国家税务总局关于企业重组业务企业
所得税处理若干问题的通知（节选）

财税〔2009〕59号

各省、自治区、直辖市、计划单列市财政厅（局）、国家税务局、地方税
务局，新疆生产建设兵团财务局：

根据《中华人民共和国企业所得税法》第二十条和《中华人民共和国
企业所得税法实施条例》（国务院令第512号）第七十五条规定，现就企
业重组所涉及的企业所得税具体处理问题通知如下：

一、本通知所称企业重组，是指企业在日常经营活动以外发生的法律
结构或经济结构重大改变的交易，包括企业法律形式改变、债务重组、股
权收购、资产收购、合并、分立等。

……

（二）债务重组，是指在债务人发生财务困难的情况下，债权人按照
其与债务人达成的书面协议或者法院裁定书，就其债务人的债务作出让步
的事项。

……

二、本通知所称股权支付，是指企业重组中购买、换取资产的一方支
付的对价中，以本企业或其控股企业的股权、股份作为支付的形式；所称
非股权支付，是指以本企业的现金、银行存款、应收款项、本企业或其控
股企业股权和股份以外的有价证券、存货、固定资产、其他资产以及承担
债务等作为支付的形式。

三、企业重组的税务处理区分不同条件分别适用一般性税务处理规定
和特殊性税务处理规定。

四、企业重组，除符合本通知规定适用特殊性税务处理规定的外，按

以下规定进行税务处理：

......

（二）企业债务重组，相关交易应按以下规定处理：

1. 以非货币资产清偿债务，应当分解为转让相关非货币性资产、按非货币性资产公允价值清偿债务两项业务，确认相关资产的所得或损失。

2. 发生债权转股权的，应当分解为债务清偿和股权投资两项业务，确认有关债务清偿所得或损失。

3. 债务人应当按照支付的债务清偿额低于债务计税基础的差额，确认债务重组所得；债权人应当按照收到的债务清偿额低于债权计税基础的差额，确认债务重组损失。

4. 债务人的相关所得税纳税事项原则上保持不变。

......

五、企业重组同时符合下列条件的，适用特殊性税务处理规定：

（一）具有合理的商业目的，且不以减少、免除或者推迟缴纳税款为主要目的。

（二）被收购、合并或分立部分的资产或股权比例符合本通知规定的比例。

（三）企业重组后的连续 12 个月内不改变重组资产原来的实质性经营活动。

（四）重组交易对价中涉及股权支付金额符合本通知规定比例。

（五）企业重组中取得股权支付的原主要股东，在重组后连续 12 个月内，不得转让所取得的股权。

六、企业重组符合本通知第五条规定条件的，交易各方对其交易中的股权支付部分，可以按以下规定进行特殊性税务处理：

（一）企业债务重组确认的应纳税所得额占该企业当年应纳税所得额 50% 以上，可以在 5 个纳税年度的期间内，均匀计入各年度的应纳税所得额。

企业发生债权转股权业务，对债务清偿和股权投资两项业务暂不确认有关债务清偿所得或损失，股权投资的计税基础以原债权的计税基础确定。企业的其他相关所得税事项保持不变。

……

（六）重组交易各方按本条（一）至（五）项规定对交易中股权支付暂不确认有关资产的转让所得或损失的，其非股权支付仍应在交易当期确认相应的资产转让所得或损失，并调整相应资产的计税基础。

非股权支付对应的资产转让所得或损失＝（被转让资产的公允价值－被转让资产的计税基础）×（非股权支付金额÷被转让资产的公允价值）

……

十、企业在重组发生前后连续 12 个月内分步对其资产、股权进行交易，应根据实质重于形式原则将上述交易作为一项企业重组交易进行处理。

十一、企业发生符合本通知规定的特殊性重组条件并选择特殊性税务处理的，当事各方应在该重组业务完成当年企业所得税年度申报时，向主管税务机关提交书面备案资料，证明其符合各类特殊性重组规定的条件。企业未按规定书面备案的，一律不得按特殊重组业务进行税务处理。

十二、对企业在重组过程中涉及的需要特别处理的企业所得税事项，由国务院财政、税务主管部门另行规定。

十三、本通知自 2008 年 1 月 1 日起执行。

国家税务总局关于发布《企业重组业务企业
所得税管理办法》的公告[①]

国家税务总局公告 2010 年第 4 号

现将《企业重组业务企业所得税管理办法》予以发布，自 2010 年 1 月 1 日起施行。

本办法发布时企业已经完成重组业务的，如适用《财政部　国家税务总局关于企业重组业务企业所得税处理若干问题的通知》（财税〔2009〕59 号）特殊税务处理，企业没有按照本办法要求准备相关资料的，应补备相关资料；需要税务机关确认的，按照本办法要求补充确认。2008、2009 年度企业重组业务尚未进行税务处理的，可按本办法处理。

特此公告。

企业重组业务企业所得税管理办法（节选）

第一章　总则及定义

第一条　为规范和加强对企业重组业务的企业所得税管理，根据《中华人民共和国企业所得税法》（以下简称《税法》）及其实施条例（以下简称《实施条例》）、《中华人民共和国税收征收管理法》及其实施细则（以下简称《征管法》）、《财政部　国家税务总局关于企业重组业务企业所得税处理若干问题的通知》（财税〔2009〕59 号）（以下简称《通知》）等有关规定，制定本办法。

第二条　本办法所称企业重组业务，是指《通知》第一条所规定的企业法律形式改变、债务重组、股权收购、资产收购、合并、分立等各类重组。

第三条　企业发生各类重组业务，其当事各方，按重组类型，分别指

[①]《国家税务总局关于企业重组业务企业所得税征收管理若干问题的公告》（国家税务总局公告 2015 年第 48 号）规定，本公告第三条、第七条、第八条、第十六条、第十七条、第十八条、第二十二条、第二十三条、第二十四条、第二十五条、第二十七条、第三十二条、第三十六条废止。

以下企业：

（一）债务重组中当事各方，指债务人及债权人。

……

第四条　同一重组业务的当事各方应采取一致税务处理原则，即统一按一般性或特殊性税务处理。

第五条　《通知》第一条第（四）项所称实质经营性资产，是指企业用于从事生产经营活动、与产生经营收入直接相关的资产，包括经营所用各类资产、企业拥有的商业信息和技术、经营活动产生的应收款项、投资资产等。

第六条　《通知》第二条所称控股企业，是指由本企业直接持有股份的企业。

第七条　《通知》中规定的企业重组，其重组日的确定，按以下规定处理：

（一）债务重组，以债务重组合同或协议生效日为重组日。

……

第八条　重组业务完成年度的确定，可以按各当事方适用的会计准则确定，具体参照各当事方经审计的年度财务报告。由于当事方适用的会计准则不同导致重组业务完成年度的判定有差异时，各当事方应协商一致，确定同一个纳税年度作为重组业务完成年度。

第九条　本办法所称评估机构，是指具有合法资质的中国资产评估机构。

第二章　企业重组一般性税务处理管理

……

第十一条　企业发生《通知》第四条第（二）项规定的债务重组，应准备以下相关资料，以备税务机关检查。

（一）以非货币资产清偿债务的，应保留当事各方签订的清偿债务的协议或合同，以及非货币资产公允价格确认的合法证据等；

（二）债权转股权的，应保留当事各方签订的债权转股权协议或合同。

……

第三章　企业重组特殊性税务处理管理

第十六条　企业重组业务，符合《通知》规定条件并选择特殊性税务处理的，应按照《通知》第十一条规定进行备案；如企业重组各方需要税务机关确认，可以选择由重组主导方向主管税务机关提出申请，层报省税务机关给予确认。

采取申请确认的，主导方和其他当事方不在同一省（自治区、市）的，主导方省税务机关应将确认文件抄送其他当事方所在地省税务机关。

省税务机关在收到确认申请时，原则上应在当年度企业所得税汇算清缴前完成确认。特殊情况，需要延长的，应将延长理由告知主导方。

第十七条　企业重组主导方，按以下原则确定：

（一）债务重组为债务人；

……

第十八条　企业发生重组业务，按照《通知》第五条第（一）项要求，企业在备案或提交确认申请时，应从以下方面说明企业重组具有合理的商业目的：

（一）重组活动的交易方式。即重组活动采取的具体形式、交易背景、交易时间、在交易之前和之后的运作方式和有关的商业常规；

（二）该项交易的形式及实质。即形式上交易所产生的法律权利和责任，也是该项交易的法律后果。另外，交易实际上或商业上产生的最终结果；

（三）重组活动给交易各方税务状况带来的可能变化；

（四）重组各方从交易中获得的财务状况变化；

（五）重组活动是否给交易各方带来了在市场原则下不会产生的异常经济利益或潜在义务；

（六）非居民企业参与重组活动的情况。

第十九条　《通知》第五条第（三）和第（五）项所称"企业重组后的连续 12 个月内"，是指自重组日起计算的连续 12 个月内。

第二十条　《通知》第五条第（五）项规定的原主要股东，是指原持有转让企业或被收购企业 20% 以上股权的股东。

......

第二十二条　企业发生《通知》第六条第（一）项规定的债务重组，根据不同情形，应准备以下资料：

（一）发生债务重组所产生的应纳税所得额占该企业当年应纳税所得额 50% 以上的，债务重组所得要求在 5 个纳税年度的期间内，均匀计入各年度应纳税所得额的，应准备以下资料：

1. 当事方的债务重组的总体情况说明（如果采取申请确认的，应为企业的申请，下同），情况说明中应包括债务重组的商业目的；

2. 当事各方所签订的债务重组合同或协议；

3. 债务重组所产生的应纳税所得额、企业当年应纳税所得额情况说明；

4. 税务机关要求提供的其他资料证明。

（二）发生债权转股权业务，债务人对债务清偿业务暂不确认所得或损失，债权人对股权投资的计税基础以原债权的计税基础确定，应准备以下资料：

1. 当事方的债务重组的总体情况说明。情况说明中应包括债务重组的商业目的；

2. 双方所签订的债转股合同或协议；

3. 企业所转换的股权公允价格证明；

4. 工商部门及有关部门核准相关企业股权变更事项证明材料；

5. 税务机关要求提供的其他资料证明。

......

第二十九条　适用《通知》第五条第（三）项和第（五）项的当事各方应在完成重组业务后的下一年度的企业所得税年度申报时，向主管税务机关提交书面情况说明，以证明企业在重组后的连续 12 个月内，有关符合特殊性税务处理的条件未发生改变。

第三十条　当事方的其中一方在规定时间内发生生产经营业务、公司性质、资产或股权结构等情况变化，致使重组业务不再符合特殊性税务处理条件的，发生变化的当事方应在情况发生变化的 30 天内书面通知其他所有当事方。主导方在接到通知后 30 日内将有关变化通知其主管税务机关。

上款所述情况发生变化后 60 日内，应按照《通知》第四条的规定调整重组业务的税务处理。原交易各方应各自按原交易完成时资产和负债的公允价值计算重组业务的收益或损失，调整交易完成纳税年度的应纳税所得额及相应的资产和负债的计税基础，并向各自主管税务机关申请调整交易完成纳税年度的企业所得税年度申报表。逾期不调整申报的，按照《征管法》的相关规定处理。

第三十一条　各当事方的主管税务机关应当对企业申报或确认适用特殊性税务处理的重组业务进行跟踪监管，了解重组企业的动态变化情况。发现问题，应及时与其他当事方主管税务机关沟通联系，并按照规定给予调整。

第三十二条　根据《通知》第十条规定，若同一项重组业务涉及在连续 12 个月内分步交易，且跨两个纳税年度，当事各方在第一步交易完成时预计整个交易可以符合特殊性税务处理条件，可以协商一致选择特殊性税务处理的，可在第一步交易完成后，适用特殊性税务处理。主管税务机关在审核有关资料后，符合条件的，可以暂认可适用特殊性税务处理。第二年进行下一步交易后，应按本办法要求，准备相关资料确认适用特殊性税务处理。

第三十三条　上述跨年度分步交易，若当事方在首个纳税年度不能预计整个交易是否符合特殊性税务处理条件，应适用一般性税务处理。在下一纳税年度全部交易完成后，适用特殊性税务处理的，可以调整上一纳税年度的企业所得税年度申报表，涉及多缴税款的，各主管税务机关应退税，或抵缴当年应纳税款。

第三十四条　企业重组的当事各方应该取得并保管与该重组有关的凭证、资料，保管期限按照《征管法》的有关规定执行。

……

国家税务总局关于企业重组业务

企业所得税征收管理若干问题的公告（节选）

国家税务总局公告 2015 年第 48 号

根据《中华人民共和国企业所得税法》及其实施条例、《中华人民共和国税收征收管理法》及其实施细则、《国务院关于取消非行政许可审批事项的决定》（国发〔2015〕27 号）、《财政部　国家税务总局关于企业重组业务企业所得税处理若干问题的通知》（财税〔2009〕59 号）和《财政部　国家税务总局关于促进企业重组有关企业所得税处理问题的通知》（财税〔2014〕109 号）等有关规定，现对企业重组业务企业所得税征收管理若干问题公告如下：

一、按照重组类型，企业重组的当事各方是指：

（一）债务重组中当事各方，指债务人、债权人。

……

当事各方中的自然人应按个人所得税的相关规定进行税务处理。

二、重组当事各方企业适用特殊性税务处理的（指重组业务符合财税〔2009〕59 号文件和财税〔2014〕109 号文件第一条、第二条规定条件并选择特殊性税务处理的，下同），应按如下规定确定重组主导方：

（一）债务重组，主导方为债务人。

……

三、财税〔2009〕59 号文件第十一条所称重组业务完成当年，是指重组日所属的企业所得税纳税年度。

企业重组日的确定，按以下规定处理：

1. 债务重组，以债务重组合同（协议）或法院裁定书生效日为重组日。

……

四、企业重组业务适用特殊性税务处理的，除财税〔2009〕59 号文件第四条第（一）项所称企业发生其他法律形式简单改变情形外，重组各方应在该重组业务完成当年，办理企业所得税年度申报时，分别向各自主管税务机关报送《企业重组所得税特殊性税务处理报告表及附表》（详见附件1）和申报资料（详见附件2）。合并、分立中重组一方涉及注销的，应在尚未办理注销税务登记手续前进行申报。

重组主导方申报后，其他当事方向其主管税务机关办理纳税申报。申报时还应附送重组主导方经主管税务机关受理的《企业重组所得税特殊性税务处理报告表及附表》（复印件）。

五、企业重组业务适用特殊性税务处理的，申报时，应从以下方面逐条说明企业重组具有合理的商业目的：

（一）重组交易的方式；

（二）重组交易的实质结果；

（三）重组各方涉及的税务状况变化；

（四）重组各方涉及的财务状况变化；

（五）非居民企业参与重组活动的情况。

六、企业重组业务适用特殊性税务处理的，申报时，当事各方还应向主管税务机关提交重组前连续12个月内有无与该重组相关的其他股权、资产交易情况的说明，并说明这些交易与该重组是否构成分步交易，是否作为一项企业重组业务进行处理。

七、根据财税〔2009〕59号文件第十条规定，若同一项重组业务涉及在连续12个月内分步交易，且跨两个纳税年度，当事各方在首个纳税年度交易完成时预计整个交易符合特殊性税务处理条件，经协商一致选择特殊性税务处理的，可以暂时适用特殊性税务处理，并在当年企业所得税年度申报时提交书面申报资料。

在下一纳税年度全部交易完成后，企业应判断是否适用特殊性税务处理。如适用特殊性税务处理的，当事各方应按本公告要求申报相关资料；如适用一般性税务处理的，应调整相应纳税年度的企业所得税年度申报表，计算缴纳企业所得税。

八、企业发生财税〔2009〕59号文件第六条第（一）项规定的债务重组，应准确记录应予确认的债务重组所得，并在相应年度的企业所得税汇算清缴时对当年确认额及分年结转额的情况做出说明。

主管税务机关应建立台账，对企业每年申报的债务重组所得与台账进行比对分析，加强后续管理。

……

十、适用特殊性税务处理的企业，在以后年度转让或处置重组资产（股权）时，应在年度纳税申报时对资产（股权）转让所得或损失情况进行专项说明，包括特殊性税务处理时确定的重组资产（股权）计税基础与转让或处置时的计税基础的比对情况，以及递延所得税负债的处理情况等。

适用特殊性税务处理的企业，在以后年度转让或处置重组资产（股权）时，主管税务机关应加强评估和检查，将企业特殊性税务处理时确定的重组资产（股权）计税基础与转让或处置时的计税基础及相关的年度纳税申报表比对，发现问题的，应依法进行调整。

十一、税务机关应对适用特殊性税务处理的企业重组做好统计和相关资料的归档工作。各省、自治区、直辖市和计划单列市国家税务局、地方税务局应于每年 8 月底前将《企业重组所得税特殊性税务处理统计表》（详见附件 3）上报税务总局（所得税司）。

十二、本公告适用于 2015 年度及以后年度企业所得税汇算清缴。《国家税务总局关于发布〈企业重组业务企业所得税管理办法〉的公告》（国家税务总局公告 2010 年第 4 号）第三条、第七条、第八条、第十六条、第十七条、第十八条、第二十二条、第二十三条、第二十四条、第二十五条、第二十七条、第三十二条同时废止。

本公告施行时企业已经签订重组协议，但尚未完成重组的，按本公告执行。

特此公告。

附件：1. 企业重组所得税特殊性税务处理报告表及附表

2. 企业重组所得税特殊性税务处理申报资料一览表

3. 企业重组所得税特殊性税务处理统计表

附件 1

企业重组所得税特殊性税务处理报告表

纳税人名称（盖章）		纳税人识别号	
单位地址		财务负责人	
主管税务机关（全称）		联系电话	

重组日：　　　　　重组业务开始年度：　　　　　重组业务完成年度：

重组交易类型	企业在重组业务中所属当事方类型		
□法律形式改变	□		
□债务重组	□债务人	□债权人	
□股权收购	□收购方	□转让方	□被收购企业
□资产收购	□收购方	□转让方	
□合并	□合并企业	□被合并企业	□被合并企业股东
□分立	□分立企业	□被分立企业	□被分立企业股东

特殊性税务处理条件	（一）具有合理的商业目的，且不以减少、免除或者推迟缴纳税款为主要目的。	□
	（二）被收购、合并或分立部分的资产或股权比例符合规定的比例。	□比例　　%
	（三）企业重组后的连续 12 个月内不改变重组资产原来的实质性经营活动。	□
	（四）重组交易对价中涉及股权支付金额符合规定比例。	□比例　　%
	（五）企业重组中取得股权支付的原主要股东，在重组后连续 12 个月内，不得转让所取得的股权。	□
主管税务机关受理意见	（受理专用章）　　　　　年　月　日	

其他需要说明的事项（重组业务其他需要说明的事项，如没有则填"无"）：

纳税人声明	谨声明：本人知悉并保证本表填报内容及所附证明材料真实、完整，并承担因资料虚假而产生的法律和行政责任。 　　　　　　　　　　　　法定代表人签章：　　　　年　月　日

填表人：　　　　　　　　　　　　填表日期：

填表说明：

1. 本表为企业重组业务适用特殊性税务处理申报时填报。涉及两个及以上重组交易类型的，应分别填报。

2. "特殊性税务处理条件"，债务重组中重组所得超 50% 的，只需填写条件（一），债转股的，只需填写条件（一）和（五）；合并中同一控制下且不需要支付对价的合并，只需填写条件（一）、（二）、（三）和（五）。

3. 本表一式两份，重组当事方及其所属主管税务机关各一份。

4. 除法律形式简单改变外，重组各方应在该重组业务完成当年，办理企业所得税年度申报时，分别向各自主管税务机关报送《企业重组所得税特殊性税务处理报告表及附表》和申报资料。合并、分立中重组一方涉及注销的，应在尚未办理注销税务登记手续前进行申报。重组主导方申报后，其他当事方向其主管税务机关办理纳税申报。申报时还应附送重组主导方经主管税务机关受理的《企业重组所得税特殊性税务处理报告表及 附 表》（复印件）。

附件 1-1

企业重组所得税特殊性税务处理报告表（债务重组）

申报企业名称（盖章）：　　　　　　　金额单位：元（列至角分）

债务人名称	债务人纳税识别号	债务人所属主管税务机关（全称）
债权人名称	债权人纳税识别号	债权人所属主管税务机关（全称）

债务重组方式	□　重组所得超过应纳税所得额 50%		□　债转股
债务人重组业务涉及的债务账面价值			
债务人重组业务涉及的债务计税基础（1）	其中：①应付账款计税基础		
	②其他应付款计税基础		
	③借款计税基础		
	④其他债务计税基础		
除债转股方式外的债务重组	债务人用于偿付债务的资产公允价值（2）	其中：①现金	
		②银行存款	
		③非货币资产	
		④其他	
	债务人债务重组所得（3）=（1）-（2）		
	债务人本年度应纳税所得额	债务重组所得占本年度应纳税所得额的比重%	

续表

| 债转股方式的债务重组 | 债权人债转股后所拥有的股权占债务人全部股权比例% | 债转股取得股权的公允价值（4） | |
| | 债权人原债权的计税基础（即股权的计税基础） | 债务人暂不确认的债务重组所得（5）＝（1）－（4） | |

谨声明：本人知悉并保证本表填报内容及所附证明材料真实、完整，并承担因资料虚假而产生的法律和行政责任。

法定代表人签章：　　　　年　月　日

填表人：　　　　　　　　填表日期：

填表说明：

本表一式两份，债务人（债权人）及其所属主管税务机关各一份。

附件 2

企业重组所得税特殊性税务处理申报资料一览表

重组类型	资料提供方	申报资料
债务重组	当事各方	1. 债务重组的总体情况说明，包括债务重组方案、基本情况、债务重组所产生的应纳税所得额，并逐条说明债务重组的商业目的；以非货币资产清偿债务的，还应包括企业当年应纳税所得额情况；
		2. 清偿债务或债权转股权的合同（协议）或法院裁定书，需有权部门（包括内部和外部）批准的，应提供批准文件；
		3. 债权转股权的，提供相关股权评估报告或其他公允价值证明；以非货币资产清偿债务的，提供相关资产评估报告或其他公允价值证明；
		4. 重组当事各方一致选择特殊性税务处理并加盖当事各方公章的证明资料；
		5. 债权转股权的，还应提供工商管理部门等有权机关登记的相关企业股权变更事项的证明材料，以及债权人12个月内不转让所取得股权的承诺书；
		6. 重组前连续12个月内有无与该重组相关的其他股权、资产交易，与该重组是否构成分步交易、是否作为一项企业重组业务进行处理情况的说明；
		7. 按会计准则规定当期应确认资产（股权）转让损益的，应提供按税法规定核算的资产（股权）计税基础与按会计准则规定核算的相关资产（股权）账面价值的暂时性差异专项说明。

附件3

企业重组所得税特殊性税务处理统计表

报送单位：＊＊＊　税务局　　　纳税年度：　　　　　　　金额：万元

重组类型	重组主导方企业名称	重组主导方所属行业	重组主导方经济类型	重组是否涉及上市公司	重组业务交易金额	重组按一般性税务处理应确认的应纳税所得额（1）	重组按特殊性税务处理确认的应纳税所得额（2）	重组按特殊性税务处理递延确认的应纳税所得额（3）=（1）-（2）
合计	—	—	—	—				

填表说明：

1. 本表只统计重组主导方在本省（自治区、直辖市）管辖范围内，且汇算清缴当年完成的重组业务。

2. 重组类型选项包括债务重组、股权收购、资产收购、合并和分立。

3. 重组主导方所属行业按《国民经济行业分类》（GB/T 4754–2011）填列，填至行业明细分类的大类和中类，如＊＊＊花卉种植公司，所属行业为"农业—蔬菜、园艺作物的种植"。

4. "重组主导方经济类型"按征管信息系统口径填报。

5. "重组业务交易金额"，是指重组业务的交易支付总额。同一控制下且不需要支付对价的企业合并中，应为被合并企业净资产公允价值。

6. "重组按一般性税务处理应确认的应纳税所得额"，是指符合特殊性税务处理条件的重组业务若按财税〔2009〕59号文件第四条规定按一般性税务处理应确认的应纳税所得额。同一控制下且不需要支付对价的企业合并中，应为被合并企业净资产公允价值减去计税基础的差额。

第二部分　增值税政策文件

国家税务总局关于纳税人资产重组有关增值税问题的公告

国家税务总局公告 2011 年第 13 号

根据《中华人民共和国增值税暂行条例》及其实施细则的有关规定，现将纳税人资产重组有关增值税问题公告如下：

纳税人在资产重组过程中，通过合并、分立、出售、置换等方式，将全部或者部分实物资产以及与其相关联的债权、负债和劳动力一并转让给其他单位和个人，不属于增值税的征税范围，其中涉及的货物转让，不征收增值税。

本公告自 2011 年 3 月 1 日起执行。此前未作处理的，按照本公告的规定执行。《国家税务总局关于转让企业全部产权不征收增值税问题的批复》（国税函〔2002〕420 号）、《国家税务总局关于纳税人资产重组有关增值税政策问题的批复》（国税函〔2009〕585 号）、《国家税务总局关于中国直播卫星有限公司转让全部产权有关增值税问题的通知》（国税函〔2010〕350 号）同时废止。

特此公告。

国家税务总局关于纳税人资产重组有关增值税问题的公告

国家税务总局公告 2013 年第 66 号

现将纳税人资产重组有关增值税问题公告如下：

纳税人在资产重组过程中，通过合并、分立、出售、置换等方式，将全部或者部分实物资产以及与其相关联的债权、负债经多次转让后，最终的受让方与劳动力接收方为同一单位和个人的，仍适用《国家税务总局关于纳税人资产重组有关增值税问题的公告》（国家税务总局公告 2011 年第 13 号）的相关规定，其中货物的多次转让行为均不征收增值税。资产的出让方需将资产重组方案等文件资料报其主管税务机关。

本公告自 2013 年 12 月 1 日起施行。纳税人此前已发生并处理的事项，不再做调整；未处理的，按本公告规定执行。

特此公告。

财政部　国家税务总局关于全面推开营业税改征增值税试点的通知

财税〔2016〕36 号

各省、自治区、直辖市、计划单列市财政厅（局）、国家税务局、地方税务局，新疆生产建设兵团财务局：

经国务院批准，自 2016 年 5 月 1 日起，在全国范围内全面推开营业税改征增值税（以下称营改增）试点，建筑业、房地产业、金融业、生活服务业等全部营业税纳税人，纳入试点范围，由缴纳营业税改为缴纳增值税。现将《营业税改征增值税试点实施办法》、《营业税改征增值税试点有关事项的规定》、《营业税改征增值税试点过渡政策的规定》和《跨境应税行为适用增值税零税率和免税政策的规定》印发你们，请遵照执行。

本通知附件规定的内容，除另有规定执行时间外，自 2016 年 5 月 1 日起执行。《财政部　国家税务总局关于将铁路运输和邮政业纳入营业税改征增值税试点的通知》（财税〔2013〕106 号）、《财政部　国家税务总局关于铁路运输和邮政业营业税改征增值税试点有关政策的补充通知》（财税〔2013〕121 号）、《财政部　国家税务总局关于将电信业纳入营业税改征增值税试点的通知》（财税〔2014〕43 号）、《财政部　国家税务总局关于国际水路运输增值税零税率政策的补充通知》（财税〔2014〕50 号）和《财政部　国家税务总局关于影视等出口服务适用增值税零税率政策的通知》（财税〔2015〕118 号），除另有规定的条款外，相应废止。

各地要高度重视营改增试点工作，切实加强试点工作的组织领导，周密安排，明确责任，采取各种有效措施，做好试点前的各项准备以及试点过程中的监测分析和宣传解释等工作，确保改革的平稳、有序、顺利进行。遇到问题请及时向财政部和国家税务总局反映。

附件：1. 营业税改征增值税试点实施办法（略）

　　　2. 营业税改征增值税试点有关事项的规定（节选）

3. 营业税改征增值税试点过渡政策的规定（略）

4. 跨境应税行为适用增值税零税率和免税政策的规定（略）

附件2：

营业税改征增值税试点有关事项的规定

（节选）

一、营改增试点期间，试点纳税人［指按照《营业税改征增值税试点实施办法》（以下称《试点实施办法》）缴纳增值税的纳税人］有关政策

（一）兼营。

……

（二）不征收增值税项目。

1. 根据国家指令无偿提供的铁路运输服务、航空运输服务，属于《试点实施办法》第十四条规定的用于公益事业的服务。

2. 存款利息。

3. 被保险人获得的保险赔付。

4. 房地产主管部门或者其指定机构、公积金管理中心、开发企业以及物业管理单位代收的住宅专项维修资金。

5. 在资产重组过程中，通过合并、分立、出售、置换等方式，将全部或者部分实物资产以及与其相关联的债权、负债和劳动力一并转让给其他单位和个人，其中涉及的不动产、土地使用权转让行为。

……

第三部分　契税政策文件

财政部　税务总局关于继续实施企业、事业单位改制重组有关契税政策的公告（节选）

财政部　税务总局公告 2023 年第 49 号

为支持企业、事业单位改制重组，优化市场环境，现就继续实施有关契税政策公告如下：

......

七、债权转股权

经国务院批准实施债权转股权的企业，对债权转股权后新设立的公司承受原企业的土地、房屋权属，免征契税。

......

十一、本公告执行期限为 2024 年 1 月 1 日至 2027 年 12 月 31 日。

第四部分　印花税政策文件

财政部　税务总局关于企业改制重组及事业单位改制有关印花税政策的公告

财政部　税务总局公告 2024 年第 14 号

为支持企业改制重组及事业单位改制，进一步激发各类经营主体内生动力和创新活力，促进经济社会高质量发展，现就有关印花税政策公告如下：

一、关于营业账簿的印花税

（一）企业改制重组以及事业单位改制过程中成立的新企业，其新启用营业账簿记载的实收资本（股本）、资本公积合计金额，原已缴纳印花税的部分不再缴纳印花税，未缴纳印花税的部分和以后新增加的部分应当按规定缴纳印花税。

（二）企业债权转股权新增加的实收资本（股本）、资本公积合计金额，应当按规定缴纳印花税。对经国务院批准实施的重组项目中发生的债权转股权，债务人因债务转为资本而增加的实收资本（股本）、资本公积合计金额，免征印花税。

（三）企业改制重组以及事业单位改制过程中，经评估增加的实收资本（股本）、资本公积合计金额，应当按规定缴纳印花税。

（四）企业其他会计科目记载的资金转为实收资本（股本）或者资本公积的，应当按规定缴纳印花税。

二、关于各类应税合同的印花税

企业改制重组以及事业单位改制前书立但尚未履行完毕的各类应税合同，由改制重组后的主体承继原合同权利和义务且未变更原合同计税依据的，改制重组前已缴纳印花税的，不再缴纳印花税。

三、关于产权转移书据的印花税

对企业改制、合并、分立、破产清算以及事业单位改制书立的产权转移书据，免征印花税。

对县级以上人民政府或者其所属具有国有资产管理职责的部门按规定对土地使用权、房屋等建筑物和构筑物所有权、股权进行行政性调整书立的产权转移书据，免征印花税。

对同一投资主体内部划转土地使用权、房屋等建筑物和构筑物所有权、股权书立的产权转移书据，免征印花税。

四、关于政策适用的范围

（一）本公告所称企业改制，具体包括非公司制企业改制为有限责任公司或者股份有限公司，有限责任公司变更为股份有限公司，股份有限公司变更为有限责任公司。同时，原企业投资主体存续并在改制（变更）后的公司中所持股权（股份）比例超过75%，且改制（变更）后公司承继原企业权利、义务。

（二）本公告所称企业重组，包括合并、分立、其他资产或股权出资和划转、债务重组等。

合并，是指两个或两个以上的公司，依照法律规定、合同约定，合并为一个公司，且原投资主体存续。母公司与其全资子公司相互吸收合并的，适用该款规定。

分立，是指公司依照法律规定、合同约定分立为两个或两个以上与原公司投资主体相同的公司。

（三）本公告所称投资主体存续，是指原改制、重组企业出资人必须存在于改制、重组后的企业，出资人的出资比例可以发生变动。

本公告所称投资主体相同，是指公司分立前后出资人不发生变动，出资人的出资比例可以发生变动。

（四）本公告所称事业单位改制，是指事业单位按照国家有关规定改制为企业，原出资人（包括履行国有资产出资人职责的单位）存续并在改制后的企业中出资（股权、股份）比例超过50%。

（五）本公告所称同一投资主体内部，包括母公司与其全资子公司之间，同一公司所属全资子公司之间，同一自然人与其设立的个人独资企业、一人有限公司、个体工商户之间。

（六）本公告所称企业、公司，是指依照我国有关法律法规设立并在中国境内注册的企业、公司。

本公告自 2024 年 10 月 1 日起执行至 2027 年 12 月 31 日。《财政部 国家税务总局关于企业改制过程中有关印花税政策的通知》（财税〔2003〕183 号）同时废止。

图书在版编目（CIP）数据

新债务重组准则与税法差异分析 / 曹越，王质君，
郭建华著 . --北京：社会科学文献出版社，2024. 11（2025. 9 重印）.
ISBN 978-7-5228-4200-4

Ⅰ. F279. 23

中国国家版本馆 CIP 数据核字第 2024B2A291 号

新债务重组准则与税法差异分析

著　者／曹　越　王质君　郭建华

出 版 人／冀祥德
责任编辑／陈凤玲　武广汉
责任印制／岳　阳

出　　版／社会科学文献出版社·经济与管理分社（010）59367226
　　　　　 地址：北京市北三环中路甲 29 号院华龙大厦　邮编：100029
　　　　　 网址：www. ssap. com. cn
发　　行／社会科学文献出版社（010）59367028
印　　装／唐山玺诚印务有限公司

规　　格／开　本：787mm × 1092mm　1/16
　　　　　 印　张：12　字　数：178 千字
版　　次／2024 年 11 月第 1 版　2025 年 9 月第 2 次印刷
书　　号／ISBN 978-7-5228-4200-4
定　　价／88. 00 元

读者服务电话：4008918866